国宏智库青年丛书

数字经济与制造业全球价值链攀升

理论、实践与政策

李馥伊◎著

中国社会科学出版社

图书在版编目（CIP）数据

数字经济与制造业全球价值链攀升：理论、实践与政策 / 李馥伊著. —北京：中国社会科学出版社，2021.7（2022.3 重印）
（国宏智库青年丛书）
ISBN 978-7-5203-8540-4

Ⅰ.①数⋯　Ⅱ.①李⋯　Ⅲ.①信息经济—研究②制造工业—工业发展—研究—世界　Ⅳ.①F49②F416.4

中国版本图书馆 CIP 数据核字（2021）第 110594 号

出 版 人	赵剑英
责任编辑	喻　苗
特约编辑	崔芝妹
责任校对	任晓晓
责任印制	王　超

出　　版	中国社会科学出版社
社　　址	北京鼓楼西大街甲 158 号
邮　　编	100720
网　　址	http://www.csspw.cn
发 行 部	010-84083685
门 市 部	010-84029450
经　　销	新华书店及其他书店
印　　刷	北京明恒达印务有限公司
装　　订	廊坊市广阳区广增装订厂
版　　次	2021 年 7 月第 1 版
印　　次	2022 年 3 月第 2 次印刷
开　　本	710×1000　1/16
印　　张	12
字　　数	162 千字
定　　价	68.00 元

凡购买中国社会科学出版社图书，如有质量问题请与本社营销中心联系调换
电话：010-84083683
版权所有　侵权必究

前言

改革开放以来,我国凭借极具竞争力的要素成本优势、良好的基础设施建设,快速嵌入了全球价值链的生产分工体系,主要定位全球价值链中技术含量相对较低、增加值相对较少的劳动密集型加工、制造和组装环节,实现了制造业的高速增长和贸易量的迅速扩大,为我国发展为全球第二大经济体和第一大对外贸易国做出了巨大的贡献。然而,近年来我国的要素成本,尤其是劳动力成本大幅度提高,对外开放所面临的内外部环境发生急遽变化,我国不能再单纯依靠低附加值生产活动来维持生产的扩大、贸易和投资的增长。我国产业面临转型升级,亟待向全球价值链中高端环节跃升。

20世纪90年代以来,随着互联网的发展及其在经济生活中的广泛应用,数字经济逐渐兴起,成为推动经济转型升级的重要动力。2008年国际金融危机以后,主要的经济大国都开始反思制造业政策,重视制造业、实现制造业数字化转型成为大国争夺全球新经济战略高点的关键一着。我国也高度重视数字经济发展,在创新、协调、绿色、开放、共享的新发展理念指引下,正积极推进数字产业化、产业数字化,引导数字经济和实体经济深度融合。总之,各国都将数字经济作为推动经济高质量发展的重要途径,将数字经济嵌入传统产业成为经济转型升级、保持长久竞争力的"金钥匙"。

在理论层面,全球价值链分析框架旨在通过考察和研究特定产业的结构及其内部行为体的动态，帮助我们理解全球产业是如何组织的。在数字经济时代，数字化成为驱动经济发展的关键生产要素，使得各个产业呈现出新的全球价值链动态，在价值链升级、价值链治理和增加值分配等方面都出现了新的特征和形式，这一点在各个制造业大国表现得尤为突出，这些演变需要被深入考察和更好地理解。这些全球价值链特征的演变给原来处于"微笑曲线"不同位置上的行为体亦带来了新的机遇和挑战，而对于更多的不发达地区的经济部门，在如何融入全球经济、获取有效参与全球价值链的能力方面，这些新的演变将带来更多经验和启示。基于此，本书立足于全球价值链分析框架，综合运用经济学、统计学、社会学的跨学科交叉研究方法，试图对我国制造业及其在数字经济时代的治理与升级做现实性理解和理论性补充。

  本书共4篇，9个章节，各篇主要内容和主要结论如下。

  第一章为绪论。包括选题背景和问题的提出、研究意义、研究框架、文献综述、研究的创新与不足。在文献综述部分，分别从全球价值链治理、升级与核算，数字经济两个维度对国内外文献进行梳理总结。

  第二章为理论与测度，包括第一节至第三节。第一节全面梳理了全球价值链理论框架，包括全球价值链概念界定、全球价值链研究的六个基本维度、全球价值链实证研究三个方面，为全书的研究提供了理论基础。第二节运用经济学的测算方法，基于贸易流分解、垂直专业化测度、显性比较优势测度、基于前向联系和后向联系的GVC参与度视角，相对客观、全面地测度了我国制造业整体和各部门全球价值链所在位势、增加值获取能力、竞争优势的演变历程。第三节使用2016世界投入产出表、2016社会经济账户、《中国统计年鉴》、《中国科技统计年鉴》构建了2000—2014年我国制造业部门全球价值链参与及数字化投入的面板数据集。通过建立固定效应回归模型，研究了数字化投入是否能够提高我国制造业部门的全球价值链位势及这种效应在不同制造业部门组别间的差异。研究结论显示，数字化投入正向影响了制造业的全球价值链参与，能够切实提高制造业全球价值链位势。其中，中高技术制造业部门受益最大。该正向效应在考虑了滞后效应和使用对被解释变量和解释变量的不同测度方式后均保持稳健。

第三章为政策与实践，包括第一节至第三节。第一节和第二节创新性地扩展了"采购商驱动"和"生产者驱动"的全球价值链治理理论，定义了数字经济时代"消费者反馈驱动型"全球价值链治理结构。并指出在新的治理结构下，原先的线性治理结构被分割，而体现为平台融合的形式。以此为基础，定义了"补充型融入"和"替代型融入"新"微笑曲线"理论，并运用案例研究加以论证，从而展现数字经济促使制造业升级和增加值重新分配的现实路径。第三节通过对德国、日本和美国的制造业升级战略进行比较，提出了针对我国制造业数字化转型升级的政策建议。

第四章为规则与环境，包括第一节至第三节。本章重点论述我国发展数字经济所面临的环境变化。第一、二节侧重全球数字贸易规则变化。从全球经贸规则的走势看，数字贸易、数字经济已经成为大国规则竞争和话语权争夺的焦点。因此，需要深刻把握数字贸易相关规则的演进和基本特点。第三节侧重分析数字经济如何保障我国粮食安全，对数字经济赋能新农业发展进行深入探讨。

由于作者水平有限，本书研究内容尚有诸多不足之处，敬请各位专家同人斧正。

李馥伊
2020 年 11 月于北京

目录 Contents

第一章 绪 论 // 1
第一节 背景与问题提出 // 1
第二节 研究意义 // 9
第三节 研究框架 // 13
第四节 制造业全球价值链攀升的经济机制与政策逻辑 // 15
第五节 可能的创新之处与不足 // 29

第二章 理论与测度 // 32
第一节 全球价值链理论 // 32
第二节 基于全球价值链的我国制造业地位分析 // 47
第三节 数字化投入与制造业全球价值链参与 // 77

第三章 政策与实践 // 97
第一节 数字经济促进升级与治理演变的现实路径 // 97
第二节 数字经济重塑制造业全球价值链 // 117
第三节 升级战略——本地制度发挥促进效应 // 129

第四章 规则与环境 // 141

第一节　全球数字贸易规则演进态势与博弈焦点 // 141
第二节　发挥优势积极参与引领国际数字贸易规则制定 // 155
第三节　发挥数字经济效能保障粮食安全 // 160

附　录 // 167

参考文献 // 171

第一章 绪 论

第一节 背景与问题提出

2008年国际金融危机后,全球经济进入了震荡调整的新阶段。新旧经济出现了交替,传统经济发展放缓,而以移动互联网、云计算、网络零售、大数据等新一代通用技术为代表的数字经济异军突起。在全球信息化进入全面渗透、加速发展、跨界创新的时代大背景下,数字经济已成为经济增长的新引擎。近两年,数字经济在中国得到了长足发展,"互联网+"行动计划加速了数字技术与传统经济的融合。《中国数字经济发展白皮书(2020年)》显示,2019年,我国数字经济增加值规模达到35.8万亿元,占GDP比重达到36.2%,同比提升1.4个百分点。可以说,数字经济已经成为我国经济转型升级期内的亮点和新的动能。

习近平总书记在G20杭州峰会《二十国集团数字经济发展与合作倡议》中提出让数字经济成为与会各国的新增长方式、为各国注入经济新动力的共识,这也是"数字经济"的提法第一次出现在我国官方文件中。党的十九大报告指出,推动互联网、大数据、人工智能和实体经济深度融合,在中高端消费、创新引领、绿色低碳、共享经济、现代供应链、人力资本服务等领域培育新增长点,形成新动能。2020年末召开的中央经济工作会议提出,要大力发展数字经济,加大新型基础设施投资力度。可以说，加快发展数字经济，既是贯彻新发展理念的内在要求，更是化理念为行动的紧迫任务。

一　全球重视数字经济发展

当前，全球数字经济价值大约 32 万亿美元，数字经济的增长速度是普通经济的 3.5 倍，数字经济投资回报率是非数字经济的 6.7 倍。令人印象深刻的是，这个成就仅仅在互联网产生二十多年就已经产生了。"数字经济"这一概念最早在 Don Tapscott 的《数字经济》一书中被提及，该书于 1995 年问世，被认为是最早思考互联网如何改变商业世界的书籍。随后西班牙社会学家 Manuel Castells 于 1996 年至 1998 年连续出版了《网络社会的崛起》《识别的力量》《千禧年的终结》三本书，又被称为《信息时代：经济、社会与文化》的三部曲，他在书中强调了社会、经济和政治特征之间的相互关系，并认为"网络"是标志着我们现在这个时代的决定性特征。美国计算机科学家 Nicholas Negroponte 的畅销书《数字化生存》也被认为是数字经济领域的经典之作，书中考察了数字技术的前沿及其对人类社会生活、工作、娱乐和商业的影响。2016 年 G20 杭州峰会发布的《二十国集团数字经济发展与合作倡议》中进一步阐明了数字经济的内涵，即"以使用数字化的知识和信息作为关键生产要素、以现代信息网络作为重要载体、以信息通信技术的有效使用作为效率提升和经济结构优化的重要推动力的一系列经济活动"。

20 世纪 90 年代，随着互联网的发展及其在经济生活中的广泛应用，数字经济在美国、欧洲等发达经济体兴起，成为推动经济发展的重要动力，用数字经济实现发展已经成为全球共识。联合国贸发会议早在 1999 年就提出数字经济时代的电子商务作为"贸易引擎"的重要性，强调"特别要注重加强各国完全参与全球电子商务能力的培养和政策扶持"。根据欧盟的报告，数字经济是致力于实现更繁荣和更具竞争力的欧洲的重要推动力之一（European Commission 2013）。目前，世界贸易组织（WTO）、世界银行、世界经济论坛等国际组织都在大力推动数字经济的发展。在世界经济论坛未来理事会上，软件联盟（The Software Alliance）CEO V Espinel 称数字经济是第四次工业革命，将对经济产生巨大的影响。我们已经看到共享经济、区块链技术以及 3D 打印所带来的制造业变革的兴起。数字经济将会渗透到社会的各个方面，包括人与人之间的互动方式、经济环境政治决策，同时产生新的科学研究和突破，促进就业、推动经济增长、改善人们的生活方式。面对新的数字经济大潮，欧美发达国家纷纷出台了各自的战略，如德国的工业 4.0（Industry 4.0）、美国的智能制造（Smart Manufacturing）、工业互联网联盟（Industrial Internet Consortium）、日本的新机器人战略（New Robot Strategy）等，已充分实现经济社会的数字化转型升级。

二 数字经济赋能经济发展

数字经济助力 GDP 和国际贸易发展。相关数据显示，2005 年以来，互联网创造了工业化国家约 10% 的 GDP，近 5 年，这一贡献更是高达 21%。2019 年，数字贸易进出口占全球服务贸易额的比例为 50% 左右，约 50% 的服务贸易是由跨境数据流动在内的数字技术实现的。数字经济在全球范围内以每年两位数的速度增长，南半球的增长尤其强劲。2013 年，全球 B2B 的销售额约为 15 万亿美元，同年 B2C 的销售额约为 1.2 万亿美元。其中，亚洲和大洋洲表现最为突出，两地区占全球 B2C 销售的份额为 28%。2018 年，这一比例已上升至 37%。麦肯锡咨询公司预测截至 2025 年，物联网将给世界带来 3.9 万亿美元至 11.1 万亿美元的收益（James et al. 2015）。上述增长背后的驱动力是经济利益和政策推动，并以技术创新作为根源。20 世纪 90 年代，经济增长主要与互联网的出现有关，这是当今世界数字经济增长的基础。现在，一系列新的信息通信技术（ICT）已经广泛应用，对新一轮的经济变革发挥了支撑作用。譬如，将传感器嵌入越来越多的物体，包括终端用户设备（智能手机、平板电脑、上网本、3D打印机）、新的数字模型（云计算、数字平台、数字服务）、大数据的传播、数据分析和算法决策、新的自动化和机器人技术。

在我国，数字经济的快速发展更令世界瞩目。从网络普及率来看，截至2020年3月，中国网民规模已超过9亿，而2005年这一数字仅为1.03亿。"人均互联网消费能力逐步提升，在网购、O2O、网络娱乐等领域人均消费均有增长。"从成交量来看，2008年中国网络零售交易量仅占全年社会消费品零售额的1.1%，而2019年上半年这一比例已达到19.6%。2015年，中国超过美国成为全球最大的网络零售市场，体量占全球零售市场的比重约为35%，贡献了全球网络零售市场46%的增长。虽然数字经济在中国的发展晚于欧美等发达经济体，但后来者居上。2016年，我国数字经济规模已经超过日本和英国，成为全球第二大数字经济体；我国数字经济的增速更是超过美国（23.3%）、日本（24.6%）、英国（24.5%）。

我国已涌现出一批世界级的互联网企业。根据2019年网络交易总值测算，阿里巴巴集团跻身全球三大电子商务平台。在全球前20名B2C交易平台中，来自中国的京东、苏宁电器和唯品会分别位居第三位、第十位和第十二位。互联网企业不仅已全面应用到第三产业，形成了诸如互联网金融、互联网交通、互联网医疗、互联网教育等新生态，而且正在向第一产业和第二产业渗透。

数字经济将包括制造业、农业、交通运输业在内的各行各业都结合了起来，将互联网引入传统产业，引入中小企业较难企及的增值服务领域，高效地推动着各产业、各企业在价值链上的升级。麦肯锡指出，过去中国互联网发展是以消费者而不是企业为导向的，目前这一现象正在发生变化。数字经济时代,消费行业变革最明显,源于互联网重构了企业与消费者的关系。首先,营销环节发生变化,以满足个性化需求为目标的新型营销和生产模式应运而生;其次,生产制造则从供给导向向需求导向变革,催生了按需定制的柔性化制造系统;最后,数字经济还推动着新业态、新模式的涌现,前有滴滴出行、大众点评等互联网企业基于分享经济成为佼佼者,后有在线办公、在线教育、互联网医疗、"云消费"、"宅生活"等数字生存新常态。

三 数字经济重塑制造业

数字经济对制造业也产生了重大影响。2015年7月4日,国务院印发《国务院关于积极推进"互联网+"行动的指导意见》。所谓的"互联网+",就是"互联网+各个传统行业",互联网是载体,是传统行业转型升级的方式和路径,最终需要在数字架构的基础上实现产业的转型升级、经济的长期发展、满足人们的物质及精神需求。宏观经济学里著名的索洛长期增长模型(Solow-Swan Growth Model)回答了如何保持经济长期增长的问题,索洛认为长期的经济增长率是由人口生产率和技术进步率决定的,前者不仅指劳动力数量的增加,而且还含有劳动力素质与技术能力的提高(M.Solow 1956)。索洛的长期增长模型打破了一直被人们所奉行的"资本积累是经济增长的最主要的因素"的理论,向人们展示了长期经济增长更重要的是依靠技术的进步和技能的提高。

而在数字经济时代,云计算、大数据、网络零售、3D打印等网络通用技术正在推动全球产业结构的智能化、知识化、科技化,成为决定各国产业结构竞争力的重要元素。一方面,数字经济既可以加强数字化与传统产业的联系;另一方面,又可以创造出新型的服务行业。目前,我国经济正由高速增长转向高质量发展,需要通过供给侧结构性改革实现动能转换，用数字经济提升制造业对我国有重要的现实意义。

制造业是经济增长的根本，是实体经济的支撑。Kuznets（1973）基于对国民账户的实证分析，检验了国家的长期发展模式。他认为，工业化或者说制造业在GDP中份额的增加是现代经济增长的一个重要特征。Kaldor（1967）考察了制造业发展水平与美国的经济增长关系，并根据实证检验结果，把制造业界定为"快速增长的主要动力"。接下来，数字经济如何与制造业充分融合，实现工业制造业数字化转型是值得深入研究的。

制造业在国民经济中的地位决定了如何推动制造业的数字化转型是具有重要现实意义的。2019年，我国制造业增加值达到了26.9万亿元，占全球比重为28.1%，连续十年保持世界第一制造大国地位。但目前我国制造业还存在不少发展瓶颈，《中国制造2025蓝皮书》指出，当前我国工业与房地产、金融业等之间存在的收入差距加大，一些资金抽离实体部门。据测算，目前工业行业平均利润率在6%左右，而金融业比如银行业的营业利润率是工业行业的7倍。传统制造业在进入设计、品牌建立、营销等高附加值活动时面临更高的门槛和障碍。面对这些困难和挑战，数字经济给我国制造业发展带来了机遇。工信部副部长辛国斌评论说"目前我国众多制造业企业正在化成本压力为转型动力，沿着高端化、信息化、智能化、绿色化不断创新"。工信部部长苗圩在中国发展高层论坛主旨演讲中曾说，"制造业转型升级的根本出路是创新"。将数字经济嵌入传统制造业是中国制造业转型升级的"金钥匙"，制造业的创新程度决定着制造业能否实现全球价值链的升级，决定着我国制造业能否不再依靠廉价劳动力和资本投入等要素而继续保持全球竞争力，决定着制造强国的目标以及"中国经济迈向中高端"能否实现。同时，发达国家的"制造业回归"战略也在与我国抢占新一轮制造业竞争的制高点。

我国制造业企业虽然较欧美发达国家数字化起步较晚,数字经济对我国制造业的转型升级作用仍处于起步阶段。一些创新型的制造业部门正在积极探索数字化转型之路。比如我国的纺织服装制造业,就是深度参与数字经济的传统制造业之一。2015 年,纺织服装类网络零售额占全国网络零售销量的 33%,全年约 1/4 的服装类销售是通过网络交易进行的。在跨境网络交易方面,纺织服装制造业表现依然不俗,2015 年其跨境出口交易额排在我国跨境出口网络交易品类的第二位,尤其是对澳大利亚和新西兰的出口占比较大,这就有利于我国纺织服装企业实现终端市场升级(End-market upgrade)。在此过程中,大量中小企业借助相较于传统门店零售业务成本更低的互联网平台迅速发展崛起,出现了早期的韩都衣舍等借助数字经济创新服装行业运营模式的成功者,从采购商到 ODM 制造商,通过与消费者共同承担价值链上高附加值的经济活动(品牌塑造、市场营销)而降低成本和升级的门槛,快速完成了自身价值链功能性升级(Functional upgrade)。此外,还有专注于出口业务的服装类跨境电商,比如 Globalegrow,通过生产外包,提供中小生产商境内外物流和网上销售渠道,使这些企业实现了终端市场的升级(End market Upgrade)。

但整体而言,我国的制造业数字化还是相对落后的。《G20 国家数字经济研究报告》显示中国的工业数字经济占比约为 18%,而德国、美国和日本这一比重分别高达 41.8%、35.9% 和 30%。International Federation Robotics 的调查显示大多数中国工厂的自动化程度都较低。2015 年,中国企业每万名员工平均只使用 19 台工业机器人。相比之下,韩国为 531 台,德国为 301 台,美国为 176 台。2017 年,埃森哲将数字化指数模型应用于我国制造业部门,考察其数字化程度,发现我国制造业企业,尤其是工业品制造业、耐用品制造业总体数字化水平偏低,提升空间很大,尤其在生产领域较发达国家落后。思科的相关研究也显示,与美国、日本等国家相比,我国制造业在自动化设备上投资相当不足。因此，产业数字化道路对我国而言势在必行。

当前，我国政府已经深刻意识到制造业数字化转型的意义，并出台了许多相应的政策和倡议进行扶持。2015年国务院印发《关于积极推进"互联网+"行动的指导意见》，指示须进一步推动互联网由消费领域向生产领域拓展，加速制造业服务化转型，加速提升产业发展水平。同年，国务院印发《中国制造2025》，提出制造业数字化、网络化、智能化取得明显进展的制造业发展目标。随后，我国政府还出台了《机器人产业发展规划（2016—2020年）》《智能制造发展规划（2016—2020年）》等旨在推进制造业数字化的文件。

除了自上而下的政策推动，从自下而上的角度，该如何利用数字化促进制造业转型升级呢？通常来讲，政府、企业等决策人，劳动者等利益攸关方，如果希望借助数字经济改善自身在全球生产分工中的地位，或是预防可能发生的衰退，就必须对新的治理和升级路径有正确的理解和认识。

具体来说，首先，在确定转型之前是否已完全了解我国制造业目前在全球价值链中所处的位势。即自加入世贸组织以来，究竟有没有实现价值链的跃升，以及过去我们是如何实现升级的。其次，需要弄清楚数字化与制造业全球价值链地位提升是否相关？如若相关，则相关性如何，影响程度是否在不同的制造业细分领域有所不同。再次，数字经济是如何推动制造业产业升级的呢？即现实的升级途径有哪些，不同类型的企业有哪些对应的升级路径，如何配置相关技术才能得到最佳升级效率，在此过程中产业政策起着何等作用。最后，随着升级路径和外部环境的演变，治理结构和全球价值链增加值分配结构是否也有新的变化，这些变化给我国带来哪些机遇和挑战。这些新经验证据从全球价值链理论框架出发应该如何理解并加以应用呢？这些都是值得利益相关者首先思考和明确的问题。只有解决好这些问题，才能为我国进一步推动制造业数字化转型提供切实的理论依据和现实参考，进而更有效地实现全面的、领先的数字化转型升级。

第二节 研究意义

一 理论意义

"价值链"的概念最初由美国哈佛大学教授 Michael E. Porter 于1985年提出。其后，全球运输成本的下降和信息通信技术的飞速发展使得跨地区甚至跨国的生产合作成为可能，因而杜克大学 Gereffi 教授等（1994）提出了"全球商品链"的概念，并从"购买者驱动"和"生产者驱动"的角度，分析了全球采购商或大型跨国公司在全球商品链形成过程中的关键性作用。为了跳出"商品"一词的局限性，Gereffi 等（2001）转而采用了"全球价值链"这一术语，以此强调价值在链上的创造和传递。全球价值链分析框架关注一个产业内部从概念到生产到最终使用的增值过程，根据特定产业和地点的工作岗位内容、技术、标准、规则、产品、流程和市场，进而从自上而下和自下而上两个视角，提供一个关于全球产业的整体图景。这是一种研究生产活动在全球空间范围内布局的方法，同时也解释了世界经济运行中的动态特征。

自下而上的视角是全球价值链研究框架的重要研究方向，而自下而上视角的核心概念是"升级"（Upgrade）。经济升级被定义为企业、国家和区域向价值链中的更高价值环节移动来提高其参与全球生产的收益，例如产业链更加安全、获得更多利润，提高了各个环节的增加值，研发能力得到提升等。升级成功与否，与政府政策、制度、企业战略、技术和劳动者技能的不同组合有关。升级的战略或如何成功地升级，即侧重于研究各国、地区和其他经济利益攸关方为了维持或改善自身在全球经济中的地位所采用的决策和战略。

数字经济，作为一种新型经济模式，它不仅对单个企业的生产组织和交易模式产生影响，对整体产业的发展也产生影响，而且结合政府政策、企业战略、技术等多种因素，在促进企业、行业在全球价值链提升方面可以充分发挥其作用。Gereffi 曾在 2001 年对互联网时代的全球价值链提出以下几点预测：（1）虽然目前仍处于互联网的初级阶段，但它对全球价值链的影响已露端倪；（2）互联网扩展了采购者驱动型价值链，因为互联网将信息和购买力从生产者端转向了零售方甚至消费者端；（3）互联网将会把 B2B 和 B2C 交易和已占据各行各业领导地位的制造商、零售商和做市商完全拼接、融合，但互联网对这些产业结构的影响有待进一步观察和解释。

二十年后的今天，数字经济如火如荼，尤其是中国的数字经济已走在世界前列，且充满蓬勃生机，这无疑是研究数字经济与全球价值链形成、塑造与升级的最好案例。在这新一轮的技术进步中，数字经济对原来的全球价值链理论提出了挑战，全球价值链已经呈现了很多新的变化和特征，这些经验证据无法再用传统的理论进行解释。比如增加值分配结构（微笑曲线）的动态变化，再如传统的"采购商驱动型"和"购买者驱动型"全球价值链治理结构已不足以解释国际贸易的现状，升级路径借助数字化信息化有很多新表现等。

本书通过研究数字经济时代制造业全球价值链的跃升，一方面，可以扩展全球价值链中关于治理、升级和增加值分配的理论；另一方面，可以丰富关于数字经济促进产业转型升级的理论基础。

二　实践意义

改革开放四十多年来，我国的对外开放取得了举世瞩目的成就，也支撑了我国经济的高速发展。我国对外开放的重要环节就是积极融入全球生产分工体系。改革开放初期，我国凭借要素成本优势和优良的基础设施支持，主要以加工贸易的方式进入全球价值链的生产分工体系中，定位在全球价值链中低技术含量、劳动密集型的加工、制造和组装环节，不仅实现了贸易量的迅速扩大和制造业的高速成长，而且推动了中国工业化水平和经济快速增长。

近年来，我国要素成本尤其是劳动力成本大幅度上涨，环境承载能力下降，经济由高速发展期转换至中高速发展期。同时，世界主要经济体自金融危机后复苏乏力，贸易保护主义、单边主义沉渣泛起，突如其来的新冠肺炎疫情更使得全球经济深度衰退，我国经济发展遇到前所未有的外部风险与挑战。随着国内外经济社会形势的变化，我国不能再依靠价值链中的低附加值环节来维持经济和贸易的增长，产业的转型升级、经济结构的调整势在必行。

党的十九大报告提出，建设现代化经济体系，必须把发展经济的着力点放在实体经济上，把提高供给体系质量作为主攻方向，以显著增强我国经济质量优势。要培育若干世界级先进制造业集群，促进我国产业迈向全球价值链中高端。李克强总理提出"推动我国产业向全球价值链高端跃升"，正是全面提升我国产业竞争力，实现经济可持续增长的重要途径。在新的国内外形势下，在贸易全球化的岔路口，习近平主席在二十国集团峰会上提出，"推动构建和优化全球价值链，扩大各方参与，打造全球增长共赢链"。

值此深化改革的关键时期，我国更要利用"互联网+"作为制造业转型升级的重要手段，提升中国在国际分工中的地位，如此才能在未来的全球经济发展中掌握主动权，在国际贸易获取更多的价值分配，进而主导全球价值链治理体系的重建。

目前，我国在互联网技术、产业、应用以及跨界融合等方面取得了初步的进展，为数字经济的进一步发展打下了良好的基础，互联网在推动经济增长方面也发挥了充分的作用。以网络零售为例，根据 Ecommerce Foundation 的研究，电子商务自 2010 年以来已成为中国经济发展的重要推动力，2015年电子商务对GDP的贡献为7.5%，远高于3.11%的世界平均水平。在促进消费方面，2014年仅微信就拉动了952亿元的信息消费，相当于2014年中国信息消费总规模的3.4%，带动社会就业达到1700万人。在物联网方面，埃森哲咨询相关报告显示，在保持中国现有产业政策和投资确实的情形下，物联网将会在未来的15年给中国的制造业带来1960亿美元的增值，且制造业会成为物联网经济的最大受益部门，其次是政府公共服务部门和资源型行业。

但目前也存在着传统行业运用互联网的意识和能力不足、互联网企业对传统产业理解不够深入等问题，这就造成了数字经济的升级作用无处着力，制造业转型升级迟缓等问题。如何不让企业、行业像柯达胶卷、诺基亚手机一样被淘汰，而是顺应、借力数字经济实现转型升级，产业、企业都应该紧随这一趋势做出战略的改变。

当前，越来越多的中小企业参与到全球价值链分工中。在价值链网络上传递的不仅仅是各个企业所创造的附加值，还包括爆发式增长的关于供应商、零售商、市场等各个方面的信息。对于单个企业而言，往往缺乏处理海量数据的能力，因此面对庞大的信息资源，企业往往无所适从。与此同时，企业、行业又迫切需要从庞杂的数据中提炼出关键信息，回答一系列与自身战略发展密切相关的问题，例如：数字化是否能促进升级？如果可以，是哪种升级路径？升级是如何实现的以及在何种情况下实现？如何更好地融入相关的全球价值链网络中？如何提升自身在价值链分工中的地位？如何在与同类企业或其他国家同类行业的竞争中脱颖而出？

本书基于跨学科的基础理论，综合运用前沿的经济学、统计学和社会学，使用计量实证和调查研究分析方法，探索信息化、数字化是否能够提升制造业全球价值链地位以及这种效应实现的现实路径，并提出继"采购商驱动"和"供应商驱动"后新形势下的"消费者反馈型驱动"全球价值链治理结构,以及"补充型"和"替代型"微笑曲线等理论。并以网络零售促进服装制造业升级和增材制造促进工业品制造业升级为例加以论证。在此基础上为政府、企业等利益相关者提出如何进一步拓展数字经济与制造业融合的广度与深度,并充分利用数字化向制造业全球价值链中高端跃升提供较为可靠的参考依据。

第三节 研究框架

一 研究对象

本书首先运用 WWZ 全球价值链部门贸易增加值测算模型,测算出我国制造业整体所在全球价值链位置,在各部门层面测算全球价值链价值创造、垂直专业化结构、基于增加值的显性比较优势指数和基于前向联系和后向联系的全球价值链参与程度指数,力图对中国制造业当前所处全球价值链的位置、竞争优势、价值增值获取能力进行全面、深入的刻画。

利用 2000—2014 年我国 18 个制造业部门的世界投入产出表(WIOT)以及社会经济账户(Socio Economic Accounts),使用基于贸易附加值的全球价值链所处位置指标——前向关联度以及基于贸易附加值的信息服务业和通信业对制造业的投入程度,考察数字化投入与制造业全球价值链参与、位置变化的关系。

本书扩展了传统的全球价值链治理和升级理论,提出了"消费者反馈型"全球价值链治理结构,这种新型治理结构以"平台公司和参与型消费者"为权力核心,它不同于以往的"采购商驱动"和"生产者驱动"理论,可用于解释数字经济时代价值链上权力分配的变化。然后,对网络零售下的服装制造业进行案例分析,论证数字经济时期制造业升级路径、增加值分配以及价值链治理维度的演变及新的特征等新理论。通过扩展"微笑曲线"理论，提出数字经济时代的"补充型嵌入"和"替代型嵌入"微笑曲线并以增材制造嵌入制造业为例进行中观案例分析，考察在生产前期、中期、后期三个阶段的升级路径及论证两种微笑曲线出现的条件及由此带来的机遇和挑战。

二　研究方法

一是跨学科研究方法。综合运用了经济学中的贸易增加值测算方法、统计学的计量回归方法、社会经济学中的全球价值链治理、升级理论，对数字化与制造业升级的相关性、数字经济嵌入制造业的全球价值链新特征及现实路径进行全面刻画和深入探究。

二是计量实证研究。利用2000—2014年中国18个制造业部门的世界投入产出表（WIOT）和社会经济账户（Socio Economic Accounts），考察数字化投入（信息服务业和通信业投入）对制造业部门全球价值链参与、位置及竞争力的影响，本部分发现了数字化在推动部门全球价值链位置变化、增强部门国际竞争力方面发挥了重要的驱动作用。

三是案例实证研究。以增材制造和网络零售为例，通过对制造业企业（纺织服装制造业、汽车制造业、航空航天制造业）在价值链各个阶段（研发、设计、生产、销售、服务）运用数字经济的实践为研究起点，进行大量的实地调研获取客观材料，论证制造业在数字经济时代的现实升级路径，以及制造业全球价值链在数字经济时代治理和增加值分配方面的新特征。

第四节 制造业全球价值链攀升的经济机制与政策逻辑

一 关于全球价值链治理、升级与核算

全球价值链理论框架的重要性在当今世界与日俱增。全球经济日益围绕全球价值链进行重构，后者在国际贸易、全球生产和就业中所占的比例不断上升。服装、电子、旅游和商业服务外包等不同产业部门全球价值链的演进，对全球贸易、生产和就业以及发展中国家的企业、生产厂商和劳动者如何融入全球经济都具有重要影响。对于很多国家，特别是低收入国家而言，有效参与全球价值链的能力是其实现发展的重要条件，这一能力指进入全球价值链并在竞争中取得成功和"获取收益"的能力，这里的收益包括国民经济发展、能力建设、创造更多更好的就业以减少失业和贫困等。

全球价值链分析框架关注一个产业内部从概念到生产到最终使用的增值的过程。根据特定产业和地点的工作岗位内容、技术、标准、规则、产品、流程和市场，提供一个关于全球产业的整体图景。这一综合性的分析框架能够帮助政策制定者回答那些以往范式未涉及的发展领域的问题；而且从一个角度解释了过去 20 年里全球层面和本地层面之间出现的新动态。当政策制定者和研究者都已经意识到全球化有利有弊时，全球价值链分析框架就凸显其重要性，因为它抓住了新的产业现实，比如中国、印度和巴西等新兴经济体成为全球价值链新的驱动者；产品与流程的国际认证是出口导向型经济体在竞争中取得成功的重要前提；需求驱动的劳动力发展在经济升级中不可或缺；私营规则和标准的进一步扩散（Mayer & Gereffi 2010）。同时，全球价

值链分析框架在考察社会与环境方面的发展关注时也被证明是有价值的。

什么是价值链？价值链描述的是企业和劳动者将一项产品从概念变成最终使用以及其他的所有活动，包括研发、设计、生产、营销、分销和最终消费者支持。组成价值链的活动既可以由一家企业完成，也可能分散在不同的企业。显然，在全球化的背景下，价值链活动更多地由全球范围的企业间网络来完成。全球价值链分析框架侧重于有形和无形增值的活动过程，从概念和生产到最终使用，提供了关于全球产业的整体图景——既自上而下（如考察主导企业如何"治理"全球范围的分支机构和供应商网络），也自下而上（如探究这些商业决策如何影响特定国家和区域的经济与社会"升级"或"降级"的轨迹）。因此，全球价值链分析框架关注全球产业结构的变化，核心概念是治理和升级。

（一）关于全球价值链升级与治理

全球的制造业有哪些升级机会？在多大程度上可以实现生产的升级（产品升级或者流程升级）或者超越生产的升级（功能性升级、产业间升级）？早期的全球价值链研究成果主要关注这些基础问题（Gereffi 1994, 1999），并把升级的问题与价值链的治理相联系，认为升级的成功与否与价值链的权力分配（比如领导型零售商、品牌营销商和制造商、供应商的关系）有较大关系（Tokatli 2012）。Humphrey 和 Schmitz（2001, 2002）研究发现制造业企业在全球网络中较容易实现生产的升级，即在质量、生产灵活性方面的产品和流程的升级（主要通过向采购商学习实现）；而在功能性升级方面，即企业在进入研发、设计、品牌建立、营销和零售等高附加值活动时面临更高的门槛和障碍。这是因为生产环节的升级是制造业供应商和采购商双赢的升级，而功能性升级是制造商在侵害采购商的核心竞争力。

20世纪90年代和21世纪初的研究证实,功能性升级只发生在韩国、中国香港地区、新加坡等少数经济体,在这些地区,当地的加工装配企业和领导型企业的关系随着时间而发生变化(Gereffi 1997,1999)。在大多数例子中,制造商没有摆脱低端"锁定"(lock-in)升级成为品牌制造商、全球营销商或者零售商(Humphrey and Schmitz 2002)。Gereffi 等人(2002)研究发现21世纪初墨西哥在美国市场还没有自己的服装品牌,而墨西哥的 Torreona 已经是世界牛仔裤之都。Giuliani(2005)指出,在拉丁美洲,包括服装制造业在内的许多劳动密集型制造业部门,"价值链领导者向生产者施加严格的生产标准往往会导致生产者的产品和流程升级,但功能性升级总是被限制甚至禁止"。这些文献表明除少数国家外,低端制造企业几乎没有空间从事更高附加值的活动。

然而,在同一时期,一些研究成果证实了相反的事实。例如,Bair(2006)认为全包装生产商(full-package production)偶尔会为特定产品的设计环节做出贡献。Gereffi(2005)指出墨西哥 Laguna 地区的全包装生产商出现了新的特征,某些牛仔制造商拥有自己的设计师团队。Tweari(2006)证实"设计的兴起"是印度服装制造业比较优势的来源。斯洛伐克(Smith 2003)以及印度尼西亚(Hassler 2003)的少数公司通过践行品牌制造战略成功地进入海外市场并实现了功能性升级。Tokatli 做了大量关于土耳其服装制造业升级的研究(Tokatli 2008),她观察到在土耳其,很多制造商已经升级成为更高附加值的品牌所有者和制造商,个别甚至拥有全球相当大的销售份额。中国和土耳其的某些小型合同制造企业已经获得了为知名品牌生产高质量、工艺复杂的产品的能力,并进入了品牌和零售环节(Tokatli 2007b)。Tokatli(2007a)对 Hugo Boss 和其前土耳其制造商 Sarar 进行了案例

---

① Torreon:墨西哥自治区。

分析。Sarar 曾经是知名意大利男装品牌 Hugo Boss 合作 13 年的制造商，1998 年结束合作关系后，Sarar 利用积累的有利条件建立自己的品牌，实现了功能性升级。Stacey 和 Gereffi（2011）对中国和墨西哥的服装制造业进行了对比研究，认为在纺织服装配额结束和经济衰退的时代，中国主要依靠亚洲新兴经济体的服装需求增长以及区域一体化生产网络实现了服装制造业的功能性升级和终端市场升级。

部分学者对企业进入设计、营销、品牌建立和零售等价值链上高附加值领域时面临障碍进行研究，从早期的研究制造商是否有可能进入高附加值活动，到研究哪些企业能够实现功能性升级而哪些企业没有实现。一些研究者认为供应商不能成功进行高附加值活动，原因是受困于强大的采购商压力和限制；然而，如果供应商能够实现升级，在于利用了价值链上权力关系的某些薄弱环节。显然，这样简单，甚至粗暴的解释并不完全符合现实。就如 Selwyn（2011）指出，目前关于哪些企业升级，哪些企业没有升级的解释过于简单甚至是"幻想"。这种研究方法的弱点在于关注治理维度以及进入壁垒的研究者，一开始就决定了哪些企业是强大的，然后试图理解哪些供应商能升级而哪些不能（Starosta 2010）。Starosta（2010）将此描述为让"事物的外观形式与其本质直接吻合"。他认为，假设"供应链中的其他企业无法自己产生进入壁垒"并不能为企业之间权力不对称的根源提供"合理的解释"。正确的方式应该是从价值的角度去解释为什么一些公司获得了更高的附加值，而另一些公司的附加值"滑过了"自己手中。

从价值链治理的角度之外，去寻找为什么一些制造商升级，而另一些制造商没有升级的答案对于价值链升级的文献是一个重要的贡献。比如，对于服装制造业来说，如果不能首先区分这一点，就不可能建议制造商做出正确的公司战略并升级成为品牌商和零售商（Tokatli 2007a）。而且，即便解决了这一问题，还需要避免将研发、设计、品牌、营销和零售等高附加值活动不加区分地混在一起的错误，也就是说，即便都是高附加值活动，各自也有不同的升级方式。在现实中，设计、品牌、营销和销售等并不是同一经营活动的不同形式，而是完全不同的活动，需要完全不同的升级动力和竞争力（Pickles et al. 2006）。

另一些文献从价值在资本和劳动力中如何分配的角度讨论升级。比如，Barrientos 等（2011）、Plank 等（2012）、Pipkin（2011）从员工福利以及集体谈判等角度深入讨论了"全球价值链经济升级"，Millberg 等（2010）所谓的全球价值链"社会升级"的关系。Selwyn（2012）和 M.Coe 等（2010）指出企业升级后劳动力较少获得附加的价值，更多的附加值由资本和当地组织获得。

Bair（2006）对全球价值链升级的一般适用性进行了考察。他指出如何将企业层面的研究成果一般化是升级文献常年要面对的问题，也就是说，企业层面的升级实证如何被佐证是一地区或一国家在全球价值链的攀升。Schrank（2004）从全球层面研究这一问题，他认为"广泛适用的升级在逻辑上就是值得怀疑的"，由于企业的升级换代，短期内或许确实可以使本国获得价值链升级，但这种增长是以国家利益的互相剥夺为代价的，一国实现升级获得更高的盈利能力，而对另一国或许是长期的灾难甚至带来生存的问题。Brewer（2011）指出了升级的内在矛盾，称为"升级的悖论"。他认为，当一些地区或国家实现全球价值链的升级时，必然伴随着其他国家或地区的全球价值链降级，其结果是生产内容的进一步转移，生产分割的进一步加剧。

对升级推动力的研究也是该领域关注的重点之一。Gereffi（2009）对中国和墨西哥的升级路径进行了对比研究，认为虽然两国都实践出口导向的发展战略，但中国利用更具战略性和国家主义的方法，实现了创纪录的外资流入和出口增长。中国成功的关键因素之一是一种被称为供应链城市的工业组织，这种独特的形式使其能够在全球价值链中实现规模经济和范围经济。Humphrey 和 Schmitz（2010）研究了生产者产业集群在全球价值链升级中的作用，他们特别关注了发展中国家为全球大型采购商提供生产的情况。Pietrobelli 等（2010）分析了生产方式的创新对全球价值链的影响，认为价值链的内部治理和升级都是持续调整和变化的动态现象，创新体系影响着这一共同演化。Jia 等（2016）对红领集团进行案例分析，认为客制化、服务化生产是亚洲低端制造业实现功能性升级的关键因素。Zhu 和 Pickles（2014）以中国服装制造业为例研究了经济组织和经济活动的地理变化、中央和地方政府政策、国内外资本如何塑造价值链，特别是公司战略和政府政策在其中发挥的作用。

从上述文献中可以看出，中国是全球价值链升级研究的重点研究对象之一，原因在于中国在生产全球化中的快速崛起，并在全球生产分工体系中扮演越来越重要的角色，其他类似的研究还有吕文栋等（2005），基于中国青蒿素产业，实证研究了全球价值链下中药产业的竞争力。黄永明等（2006）分析了中国纺织服装业的升级障碍及路径选择，并以亚光纺织集团和雅戈尔集团为案例展开讨论。陶锋和李诗田（2008）利用东莞 105 家 OEM 企业数据，分析了产品升级知识溢出效应和电子信息制造业贴牌代工企业在全球价值链中的学习行为。

考察中小企业的价值链升级也是研究的热点之一。最初，全球价值链的分析仅限于传统自然资源产业和制造业竞争力领域。如今，这一分析已经向不同方向扩展，涉及了引导中小企业融入区域和全球价值链、关注诸如技术发展等经济与社会升级的关联性等新领域。在中小企业参与全球价值链的研究方面，Weinberger 等（2007）提出中小规模的生产者参与本国、区域和全球的高增加值价值链，可能提升收入和创造就业，对于消除发展中国家农村贫困意义重大。然而，发展中国家大部分中小企业面临诸多制约，限制了它们有效参与价值链的能力，而且更令人担忧的是，它们正日益被排除在重要的发展机遇之外（Gereffi 2005b）。关于如何解决中小企业升级困境，以农业价值链内中小生产者为例，Gereffi and Fernandez-stark（2016）提出优先建立四大"支柱"的方法：（1）市场准入；（2）培训机会；（3）协同和合作建设；（4）融资渠道。

表 1-1　　　　　　　全球价值链升级研究代表性文献

研究内容	代表性研究	所研究的对象	所使用的研究方法
生产升级和功能升级	Gereffi (1994, 1999, 2002, 2005); Schmitz 等 (2000); Humphrey 等 (2001,2002); Bair(2006)	韩国、中国香港地区、新加坡制造业；墨西哥服装制造业；印度服装制造业；土耳其制造业；Hugo Boss 公司；中国制造业	企业、产业、国家或地区案例实证分析；对比研究
治理是升级的关键因素	Gereffi(1997,1999); Tokatli (2002)	北美地区；土耳其	
无法实现升级的原因；对升级理论的批判	Tokatli(2007a); Pickles 等 (2006); Bair(2006); Schrank(204); Brewer(2011)	东欧和中欧制造业；全球服装制造；全球商品链和收入不平等	企业、产业、国家或地区案例实证分析；对比研究
价值在资本和劳动中的分配	Barrientos 等 (2011); Plank 等 (2012); Smith(2012); Pipkin (2011); Millberg	全球生产网络；摩洛哥、罗马尼亚；泛欧洲地区；哥伦比亚、危地马拉	
实现升级的关键因素	Gereffi(2009); Zhu 等 (2014); Humphrey 等 (2010); Jia(2016); Pietrobelli(2010)	中国、墨西哥；中国的公司战略和政府政策；生产者产业集群的作用；红领集团；生产方式的创新	

资料来源：根据开源资料整理。

治理是全球价值链框架的另一个重要核心（Humphrey and Schmitz 2001）。总的来说，全球价值链治理理论经过了两个发展阶段：第一阶段，治理结构是价值链的推动者；第二阶段，治理结构是价值链的协调者。

对于治理的研究，最早可追溯到 Gereffi（1994）针对全球商品链（Global Commodity Chain）提出的两种治理模式。他在 Commodity

Chains and Global Capitalism 一书中，指出美国零售商通过买方驱动控制海外生产网络，并提出了"生产者驱动"（producer-driven）（在资本密集型行业较常见）和"采购商驱动"（buyer-driven）（在劳动密集型行业较常见）概念。一些批评者认为这种类型过于狭窄或过分粗略（Clancy 1998）。这两种类型并不能完全反映实际价值链中被观察到的治理形式。Fold（2002）提出当不同环节均受到领导型企业控制时，"双极"治理结构就会出现，但也有例外，比如软件行业就属于技术驱动型价值链。

然而全球竞争格局发生了转变，技术、制度和组织创新加剧（Kaplinsky 2000）这些竞争格局随着时间和行业的变化而变化，并体现在全球价值链的治理中（Gereffi 1994）。随后，Gereffi 等人（2005）在全球价值链治理结构的经典文献 *The governance of global value chains* 中根据信息交换的复杂程度、信息的可编码程度、供应商满足交易的能力三个指标论证了五种价值链治理的类型：市场型价值链、模块型价值链、关系型价值链、俘获型价值链和等级型价值链。这篇文献的重要性在于自此全球价值链治理理论不再仅仅指特定参与者推动整个价值链的策略和行动。相反，治理是以协调的形式进行定义的。

从全球商品链下的采购商驱动和生产商驱动向全球价值链下五种治理模式的转变，说明了这个理论两个重大的变化。首先，治理理念的解释范围从前者的整个链条长度，缩小到一个特定节点上公司间的交易行为。其次，作为协调机制出现的治理理论反映了交易成本，也就是说，经济的组织形式可以解决交易结构性困难以及资产专用型问题。Gereffi（2014）考察了华盛顿共识后价值链治理结构的变化，他指出不仅要考虑全球范围生产与贸易的组织变化，而且要考察新兴经济体作为新的需求方和生产者在全球经济中的作用，以及国家层面和企业层面的供应方正在加速整合的新趋势。

此外，Gereffi 较早注意到互联网对全球价值链治理结构的影响。

在20世纪90年代中期，以互联网为导向的第三种治理形式开始萌芽。这些价值链之间的差异反映了国际生产和贸易体系随着时间的推移而发生的重大变化，这些价值链中出现了新的参与者和经济角色，以及从生产者到零售商到消费者的权力地位的不断变化（Gereffi 2001）。Tomaselli 等（2013）考察了信息技术快速发展与关键业务外包增长的关系，并对视频游戏行业的全球价值链治理进行了案例分析。近年来，一些学者指出价值链不能再被看作一组传统的生产活动，因为企业展示了更多细分和精细化的行为（Mudambi 2008; Mudambi and Puck, 2016）。一方面，企业通过运用更先进的技术提高了运行自身系统或者运用新的方式从事生产；另一方面，企业更加明确了自己的核心和非核心业务，并将自己真正的核心业务进行了保留（Gilley and Rasheed 2000）。

表1-2　　　　　全球价值链治理研究代表性文献

研究内容	代表性研究	所研究的对象	所使用的研究方法
治理是价值链的推动者	Gereffi(1994, 2001); Clancy 1998; Kaplinsky(2000);	美国零售商；软件产业；互联网的运用	企业、产业案例研究和对比分析
治理是价值链的协调者	Gereffi(2005, 2014); Gibbon 等（2008）; Tomaselli(2013); Mudamib(2008)	信息技术发展、视频游戏产业；自行车产业；新鲜蔬菜产业	

资料来源：根据开源资料整理。

（二）关于全球价值链核算

前文所回顾的全球价值链治理与升级的文献更多集中在社会学、管理学领域，而全球价值链核算的文献多基于经济学、统计学的研究方法。在全球价值链核算方面，初期的文献主要是对单个产品或产业的外包进行价值链研究。

芭比娃娃的案例是较早期的经典研究之一。Tempest（1996）追溯了芭比娃娃的生产轨迹，发现芭比娃娃的模具和装饰部分的附加涂料都来自美国，中国只提供用于连衣裙的棉布和组装产品。一个芭比娃娃在美国的售价为 10 美元，美泰公司[①]获得 9 美元，而中国劳动力获得的价值只有 35 美分，原材料获得 65 美分，意味着大部分增值来自美国的生产链活动。另一个著名案例是 Nike 运动鞋（Tisdale 1994）。在亚洲，约有 7.5 万人在为耐克生产鞋和服装，但其中只有几百人是该公司的雇员，其余的人都在与耐克有合同安排的外包工厂里工作，可能由第三方管理，比如韩国的企业。类似的还有 iPod 和笔记本电脑的研究（Dedrick, Kraemer, and Linden 2010; Linden, Kraemer, and Dedrick 2007），研究发现苹果公司从 iPod 的创新中获得了大量的价值，而笔记本电脑的生产商从创新中获得了相对较少的价值。美国每卖出价值 300 美元的 iPod 产品，美国对中国的贸易赤字增加约 150 美元，但是实际上中国组装产生的增加值大概只有几美元而已。Xing 和 Deter（2010）也论证了现行贸易总值统计存在严重误差，以苹果手机为例，贸易数据显示，2009 年，中国出口了价值 20 亿美元的 iPhone。但其中，仅有 4% 的价值为中国的增加值，日本创造的增加值最高，约占总价值的 34%。Ivarsson and Alvstam（2011）利用瑞典宜家家居用品零售商在中国和东南亚的 23 家供应商的数据，分析了他们的技术升级情况，考察了这些供应商如何使用宜家的技术支持来提高自身的运营、创新和适应性能力。

上述全球价值链的核算方法不足在于单一企业或者单一产业的案例分析无法刻画一国或者一地区在全球价值链中所处的地位，而且无法进行地区和国家间的对比。

全球价值链核算的研究第二阶段主要是针对中间产品贸易的研究，即利用中间品贸易占比来量化全球价值链，衡量一国参与国际分

---

① 芭比娃娃母公司。

工的程度。Amador 和 Sonia（2008）基于投入产出表，考察了葡萄牙的国际生产分工，结果显示自 20 世纪 90 年代以来，葡萄牙经济的垂直联系明显上升，且零部件出口翻一番。L.Swenson（2005）考察了在国外组装产品的美国生产者的投入选择，结论是当外国成本上升时，企业会减少外国中间产品的使用；美国从发展中国家外包进口时成本变化的影响最大。Gaulier 等人（2005）根据中国海关统计分析了中国参与国际分工及其对东亚区域经济一体化进程的影响，认为中国通过从亚洲工业化国家进口零部件产品快速增加了中国对外贸易中的高技术含量。Lemoine 等人（2002）考察了中国在经济全球化背景下的垂直分工情况，认为在大多数产业中，中国拥有垂直专业化；大多数的结构性赤字来源于中间产品；大多数的结构性盈余来源于消费品。

Hummels 等（1998）建立了垂直专业化分工的概念，用于测算一国或一地区参与国际化分工的程度。Yi（2003）进一步完善了垂直专业化的理论模型，他从多阶段生产导致的多国跨境流动入手。Hummels 方法的不足在于忽视了一国的出口产品有可能被进口国甚至第三国作为中间产品而非最终需求使用。Johnson 和 Noguera（2012）创建了增加值贸易框架，虽然增加值贸易解决了最终产品出口用于中间生产的问题，却无法解决中间产品出口包含的增加值以及多次纯重复计算。

Koopman 等（2008）对中国加工贸易的国内部分和国外部分进行了测算，认为在加入 WTO 之前，中国的国内部分在出口中占比 50%，之后超过了 60%。此后 Koopman 等（2012）克服了 Hummels 方法和 Johnson 方法的缺陷，提出了一国总出口的分解方法（KWW 方法），即将总出口分解为四个部分。王岚（2014）应用 KWW 方法对增加值贸易的分解方法，测算了中国制造业各行业的国际分工地位。樊茂清和黄薇（2014）比较了几种典型的贸易增加值进行分解，拓展了 Koopman（2012）的模型，分析了中国在全球价值链中的地位和演进过程。陈雯和李强（2014）采用 OECD 和 WTO 的增加值贸易核算方法，测算了中国的增加值贸易规模，并与传统贸易统计指标进行比较，发现传统的贸易统计方法不仅扭曲了中国的总出口，也扭曲了各部门的出口规模。鞠建东和余心玎（2014）从包含序贯生产的贸易模型、贸易增加值测算和价值链结构测度等方面对国外理论及定量研究的前沿进展进行综述，在此基础上测算了当前全球价值链上各国的位置。程大中（2015）利用跨国投入产出分析，对中国参与全球价值链的分工和演变趋势进行了研究。随着研究的逐渐深入，Kee 和 Tang（2016）试图将国家宏观层面和企业的微观层面结合，提出了用企业层面数据估计中国出口国内增加值的分析方法，但缺陷是无法对国家间的投入产出表进行衡量。文东伟（2017）提出了考虑企业销售目的地和贸易方式异质性的增加值出口比率的测算方法，在此基础上构建了新的显示比较优势指数，并根据企业销售目的地和贸易方式进行了分解。

表 1-3　　　　　　　　全球价值链核算研究代表性文献

研究内容	代表性研究	所研究的对象
企业、产业案例研究	Tempest（1996）；Tisdale（1994）；Dedrick 等（2010）；Linden 等（2007）；Xing 等（2010）；Ivasson 等（2011）	芭比娃娃；耐克运动鞋；iPod；iPhone；宜家家居
中间品贸易研究	Amador 等（2008）；Swenson（2005）；Gaulier（2005）；Lemoine（2002）	葡萄牙；美国；中国
垂直专业化	Hummels（1998, 2001）；Yi（2003）	
贸易增加值、分解及产业分工	Johnson 等（2012）；Koopman（2008, 2010, 2012）；王直等（2015）；Wang F（2014）；Wang Z（2013）；Timmer（2012）	中国加工贸易；中国制造业；企业异质性

资料来源：根据开源资料整理。

二 关于数字经济

纵观历史，持续的技术进步使经济在很多方面发生了变化。此外，有时也推动了新时代的到来，数字经济也是如此。什么是数字经济，首要任务是辨别清楚它与网络经济的关系。最初，网络经济也可以称为网络产业经济（the economics of network），由具有网络特征的产业组成，这些产业包括电信、电力、交通、互联网、计算机硬件和软件。因为这类产业物理形态上的"网络"式而将其称为网络经济学，并非指其专门研究互联网。

比较早对数字经济的权威解读是 1995 年麻省理工学院编纂的 *Internet Economics* 一书，该书提出数字经济即用互联网服务市场的经济。"数字经济"这一概念最早在 Don Tapscott 的《数字经济》一书中被正式提及，该书于 1995 年问世，被认为是最早思考互联网如何改变商业世界的书籍，他将数字经济描述为基于存储在网络中的创新和数字信息循环的全球知识经济。随后西班牙社会学家 Manuel Castells 于 1996 年至 1998 年连续出版了《网络社会的崛起》《识别的力量》《千禧年的终结》，又被称为《信息时代：经济、社会与文化》的三部曲，他在书中强调了社会、经济和政治特征之间的相互关系，并认为"网络"是标志着我们现在这个时代的决定性特征。美国计算机科学家 Nicholas Negroponte 的畅销书《数字化生存》也被认为是数字经济领域的经典之作。总的来说，"数字经济"这个词试图描述从工业社会向信息社会过渡的微观经济过程，并伴随着经济结构和社会制度的不断演变。

全球第一份互联网经济发展分析报告于 1999 年 10 月由美国得克萨斯大学所发布。这份报告将互联网经济分成了四个层次：第一层是互联网本身的结构：有主供应商、服务供应商、网络的硬件、软件公司、网络安全公司等；第二层是互联网的应用结构：这层主要有多媒体应用、搜索引擎、数据库等；第三层是互联网的第三方，主要是第三方平台如金融交易平台、应用平台等；第四层是最高层次的数字经济，主要有互联网电子商务、在线销售、在线服务等。

OECD 也在数字经济（Internet economy）的数据库中用数字化经济（Digital economy）的概念，其内涵包括信息通信、电子商务和互联网技术设施建设。BCG 在《G20 数字经济未来》报告中将数字经济看作电子商务、大数据和社交媒体等的结合。根据我国"互联网+"行动计划的内涵，现代制造业应该与移动互联网、云计算、大数据、物联网等结合，促进电子商务、工业互联网和互联网金融健康发展，引导互联网企业拓展国际市场。2016 年 G20 杭州峰会发布的合作倡议认为，数字经济是指以使用数字化的知识和信息作为关键生产要素、以现代信息网络作为重要载体、以信息通信技术的有效使用作为效率提升和经济结构优化的重要推动力的一系列经济活动。Saviko（Slavko 2016）认为电子商务为数字经济的主要部分，因为电子商务不仅仅限于网络的买卖，还包含了供应链上一切销售前和销售后的活动。

数字经济还包括物联网（Internet of Things），物联网就是把人、数据、技术连接起来，通过大数据分析技术，找到问题以及改进的方向，提高企业的工作效率和生产率，从而降低整个企业的运营成本。在 2013 年全球物联网标准倡议中，物联网被定义为"信息社会的一个全球性的基础设施，通过联通已存在的或正在形成的交互信息实现服务化"。

数字经济促进经济发展的作用主要体现在以下几个方面：增强行业与国家参与全球价值链的程度、开发新的市场渠道、提高国际的和市场的有效性、降低交易成本、在信息与通信技术领域创造了大量的就业机会、让企业因为网络的经营变得更加有竞争力（UNCTAD 2015）。欧洲因数字经济的网络销售而获得了显著的生产力收益，这一作用优势对小企业和服务业更加显著（Kawa 2017）。Manyika 和

Roxburg（2011）发现，数字经济使得基础的行业可以转型升级，从而使其从事全价值链业务，这一影响对传统行业的中小型企业更大，他们主要受惠于数字经济所带来的更高的生产率。部分学者对数字经济的驱动因素做了研究，这种经济（或社会）网络的基本原则是一些法律和其他驱动因素以及直接网络效应和标准化，这种经济形式的价值主要取决于应用程序或产品的实用价值。

观察已有的对全球价值链和数字经济的研究，可以发现，从全球价值链角度出发，有不少测算全球价值链升级水平以及考察技术进步、适当的产业政策、劳动生产率等要素提升这一水平的文献；从数字经济出发，也有不少关于数字化、信息化如新一代ICT技术提高全要素生产率、促进经济增长、创造社会福利的文献；但较少有同时从两个角度出发，将两者结合起来，即深入观察新形势下全球价值链特征的演进以及数字经济生产要素作为这些演进原动力的文献，也较少有对这一动力的影响程度及影响路径做深入考察的文献。这一缺失值得引起重视并予以弥补。本书的实证结果显示，在促进价值链升级方面，信息服务和通信业的投入有较强的积极效应，在随后的数字经济嵌入非耐用品制造业和工业品制造业的案例分析中也论证了由这一动力带来的全新升级路径、治理结构和增加值分配变化，这对于落后国家进入全球价值链和发展中国家实现全球价值链跃升都有着重大意义。

第五节　可能的创新之处与不足

本书可能的创新之处主要体现在以下几个方面。

一是研究方法的创新。全球价值链本是一个跨学科的综合研究体系，既有经济学和统计学领域的增加值测算和定量分析，也有社会经济学领域的价值链治理、经济发展的定性分析。前者常基于投入产出表，是从宏观角度；后者常基于企业、产业的案例分析，是从微观角度。但两者均有其局限性，本书将两种研究方法相结合，通过定量分析得到中国制造业现状以及数字化与制造业升级的正向关系，再通过定性分析指出升级路径和治理演变。此外，在研究框架上，运用了全球价值链六个研究维度，以彻底弄清本书提出的核心问题，即以全球价值链升级与治理为研究核心，从投入产出分析和地理范围分析入手，对我国制造业部门做全球价值链全景描绘，后以利益相关者研究配合考察升级与治理问题，并考察本地制度建设的作用。

二是理论上的创新。扩展了 Gereffi（2001）对互联网时代全球价值链新型治理结构的考察，定义了区别于"采购商驱动"和"生产者驱动"的新兴治理结构——"消费者反馈型"治理结构，并以网络零售为例论证了新型治理结构中两个行为体（平台公司和参与型消费者）的角色和作用；此外，还扩展了增加值分配的"微笑曲线"理论，指出了微笑曲线位置、曲度、生产活动的可能变化——补充型和替代型。并通过对网络零售和增材制造嵌入消费品制造业和工业品制造业的案例分析分别加以论证。

三是角度和观点上的创新。全球价值链领域有大量关于中国的研究，这与中国入世后在全球化生产网络中的重要作用息息相关。现在，中国的数字经济发展迅猛，已经成为转型阵痛时期引领中国经济增长的重要引擎之一。本书的研究结果表明，数字经济的出现的确带来了中国制造业生产组织和行为方式的巨大变革，比如在升级路径上，中国制造业已表现出功能性升级、产品升级、终端市场升级、链条间的升级，这些新的观察和观点应该被注意并详细记录和考察。

本书亦存在可能的不足之处。作为一个相对前沿的探索，数据和以往的积累尚不足以支撑更广泛的、深度的考察。具体而言，目前较缺乏跨境电子商务这一新的进出口形式的价值链核算，以投入产出表呈现的形式也较为鲜见。由于这一重要数据集的缺失，暂时只能从传统贸易角度衡量增加值的跨境流动，想要对跨境电商引起的增加值流动做深入的定量分析是相当困难的。

第二章

理论与测度

第一节 全球价值链理论

全球价值链分析框架通过考察特定行业的结构及各个利益攸关方的行为,帮助我们理解全球产业是如何进行组织的。在当今全球经济中,产业间互动十分复杂,全球价值链的方法能够有效地跟踪全球生产模式的变化。

生产过程分节化的初始理论是建立在对中间品贸易越来越多的实证研究基础上的,并由此更精确地定义了全球价值链研究的关键概念,如生产活动的"分解"(Baldwin 2006)和"任务贸易"(Grossman 和 Rossi-Hansberg 2008a)。

与上述贸易理论的发展平行,全球价值链分析的方法论框架在社会学中也得到了发展。社会学家们在对国家间价值分配结构和机制的综合研究中,提出了"全球商品链"(Global Commodity Chain)(Gereffi 1994)、"全球价值链"(Global Value Chain)(Gereffi、Humphrey 和 Sturgeon 2005)的概念。

20世纪90年代,"全球商品链"的分析框架,将增值链与全球产业组织直接联系起来。这一分析框架是基于对全球采购商重要性日益上升的深入观察提出的,全球采购商成为全球分布的生产与销售网络形成的主要驱动者。全球商品链的路径研究关注了在全球生产与销售网络中发挥作用的多个行为体。通过实体研究的方法深入考察了贸易统计数据，发现零部件和其他中间品的贸易显著增长。

相比之下，全球价值链的实证研究开展得较晚。早期基于企业经营数据进行的单个产品附加值分析，随后被以投入产出分析为基础的产业层面价值链分析所补充。整合不同全球价值链研究领域的关键性文献之一是 Antràs 和 Helpman（2004），它在契约理论的分析框架中把"新贸易理论"（规模递增）和"新—新贸易理论"（企业异质性）相结合，而契约理论又可以和社会学家分析"全球价值链"的方法相联系。

全球价值链研究的这种跨学科特征开辟了不同学科之间大规模合作研究的前景。全球价值链文献涵盖了多个学科领域，其中有些与政治和政策高度相关。总体来说，全球价值链概念的发展并未遵循线性发展的路径。这一概念的基本含义在不同时间不同科学领域以不同方式被构思与发展。但是直到最近，全球价值链才开始跨越学术边界，并通过不同领域的理论及实证相互作用来继续发展。

一 价值链与全球价值链

"价值链"一词最早是在商业管理研究领域提出的。Porter（1985）将这一概念塑造为制定公司战略以提升公司竞争力的基本框架。当一家公司的组织结构相对分裂时，每个单位（业务活动）的任务如产品设计、材料采购、营销和分销等往往被定义为达成该任务目标的特定单元，这可能与其他单位冲突，也可能不冲突。然而，从价值链的角度来看，所有的活动都应该集体组织，以确保企业作为一个整体能够达到最佳运作。为此，不同活动之间链接（即价值链）的性质需要仔细分析，就像绘制企业的"解剖图"一样，以通过跨职能协调来内部化潜在的外部性，这是公司重要的竞争优势来源。

相比之下，"全球价值链"的研究起源于社会学领域。全球价值链概念与 Porter 的价值链概念有所不同，后者起初主要关注的是公司如何通过将重点转移到业务活动配置来重整企业战略。全球价值链研究考虑的是公司如何努力优化生产网络以影响系统内部的价值产生和转移，以及反过来，价值分配结构如何影响企业选择国际生产网络组织形式的机制。因此，值得强调的是，正如下面描述的，全球价值链分析不是 Porter 价值链方法的全球性延伸，因为双方的研究范围和动机有所不同。在该领域还有类似的术语，如"全球供应链"，是跨国增值活动中实体投入产出序列的通用名词，主要用于侧重物流管理和贸易便利化（如何降低成本和前置时间）的商业研究。此外，Gereffi 等（1994）提出了"全球商品链"（Global Commodity Chain），通过展示"生产、分配和消费是如何被社会关系（包括组织）所打造的"来研究财富分配的问题。在这个意义上，它可以被认为从理念上是全球价值链概念的前身，尽管它们之间的分析框架有所不同。

二 全球价值链理论

全球价值链分析框架关注一个产业内部从概念到生产到最终使用的增值的过程，根据特定产业和地点的工作岗位内容、技术、标准、规则、产品、流程和市场，进而从自上而下和自下而上两个视角，提供一个关于全球产业的整体图景。

这一综合性的分析框架能够帮助政策制定者回答那些以往范式未涉及的发展领域的问题，而且从一个角度解释了过去 20 年里全球层面和本地层面之间出现的新动态。当政策制定者和研究者都已经意识到全球化有利有弊时，全球价值链分析框架就凸显其重要性，因为它抓住了新的产业现实，比如中国、印度和巴西等新兴经济体成为全球价值链的新的驱动者；产品与流程的国际认证是出口导向型经济体在竞争中取得成功的重要前提；需求驱动的劳动力发展在经济升级中不可或缺；私营规则和标准的扩散（Lee 2010; Mayer & Gereffi 2010）。同时，全球价值链分析框架在考察社会与环境方面的发展关注时也被证明是有价值的。

价值链描述的是企业和劳动者将一项产品从概念变成最终使用以及其他的所有活动，包括研发、设计、生产、营销、分销和最终消费者支持。组成价值链的活动既可以由一家企业完成，也可能分散在不同的企业。显然，在全球化的背景下，价值链活动更多地由全球范围的企业间网络来完成。全球价值链分析框架侧重于有形和无形增值的活动过程，从概念和生产到最终使用，提供了关于全球产业的整体图景——既自上而下（如考察主导企业如何"治理"全球范围的分支机构和供应商网络），也自下而上（如探究这些商业决策如何影响特定国家和区域的经济与社会"升级"或"降级"的轨迹）。

全球价值链分析框架关注全球产业结构的变化，核心概念是治理和升级。全球价值链方法的应用，基于六个基本维度，可以划分为全球要素（自上而下）和本国要素（自下而上）（见图2-1）。全球维度包括以下三点。（1）投入—产出结构，描述将原材料转变成最终产品的过程。（2）地理范围，说明产业如何在全球范围分布以及不同的全球价值链活动在哪些国家进行。（3）治理结构，解释企业如何控制价值链。本国维度包括以下三点。（1）升级，通过考察生产者如何在价

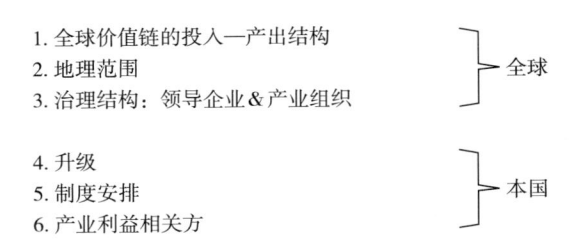

1. 全球价值链的投入—产出结构
2. 地理范围
3. 治理结构：领导企业&产业组织 } 全球

4. 升级
5. 制度安排
6. 产业利益相关方 } 本国

图2-1　全球价值链理论框架的六个维度

资料来源：Gereffi and Fernandez-stark（2016）。

值链不同阶段之间转变来描述价值链内部的动态运动（Gereffi 1999）。（2）产业价值链通过本地经济和社会要素所嵌入的制度背景。（3）产业利益攸关方，描述价值链中不同的本地行为体如何互动以实现产业升级。

三 全球价值链研究范式——六个维度

根据相关文献，全球价值链研究集中在投入—产出结构、地理范围、治理、产业升级、本地制度考察、利益攸关方分析六个维度。

（一）投入—产出结构

每一条价值链代表的是一种产品或一项服务从初始概念到最终消费者手中的整个投入—产出过程。不同产业价值链的主要活动环节不同，但大致包括：研究与设计、投入、生产、分销与营销、销售，有时还包括使用后的循环利用。这一投入—产出结构包括产品和服务以及一系列辅助产业，通常可以表现成由若干箭头连接的一系列价值链条块，箭头代表有形或无形的产品和服务的流动，这对于绘制价值链不同阶段的增加值分布，以及对研究者特别感兴趣的信息（如就业、工资、性别和处于价值链不同阶段中的企业）进行分层，都十分重要。

为了理解整个价值链，必须研究产业的演进、产业塑造的趋势以及产业的组织。一旦有了关于产业的总体认识，就可以按照增加值来界定和区分产业中的每个活动环节。研究者通过投入产出表，将片段的信息联系起来，构建一条包含产业主要活动的、清晰统一的链条。链条中的每个活动环节说明了不同的增值流程如何造就一项产品或服务，以及每个流程背后的行为体如何从中获取不同的回报。全球价值链研究的主要目的是探讨价值分配机制与涉及跨境生产和消费的组织结构之间的相互作用关系。

界定的主要活动环节中，每个环节都有自身特征和变动，如特定的采购实践或偏好的供应商。举例而言，在水果和蔬菜产业价值链中，进入"加工"环节的投入品可能是原本用于出口但未满足质量标准的水果，或者是专供加工用的种植品。同时，界定该产业中的企业类型和主要特征也十分重要，这些特征是指全球性企业还是本地企业，国有企业还是私营企业，大、中型企业还是小型企业等等。厘清参与价值链的企业类型，有助于我们理解价值链的治理结构。

（二）地理范围

产业全球化进程不仅得益于运输和通信等基础设施的进步，更得益于对价值链每个活动环节上最有竞争力的投入品的需求提高。今天，全球分布的供应链使不同的业务活动可在世界不同的地方发生。在全球经济中，各国利用自身资产的竞争优势参与到不同产业中。通常，发展中国家提供低成本劳动力和原材料，而发达国家则提供研发和产品设计所需的高学历人才。这一现象导致的结果是，不同地域的企业和劳动者对彼此的影响都远远大于过去。

地理范围的分析，首先基于对全球供应和需求的分析。这可以通过分析价值链各个阶段的贸易流量，即国际贸易数据库来获取，比如联合国的商品贸易统计数据库或 WIOD 多国投入产出数据库。

全球价值链分析的一个主要贡献是描绘出了全球产业地理分布的变化。然而，全球价值链在不同的地理范围（本地、国家、地区和全球）运转，而且仍在不断地发展变化。新的证据显示，由于大型新兴经济体的持续崛起和区域性贸易协定增加等因素，全球价值链有区域化的趋势。

（三）治理

全球价值链中不同行为体的权力大小不同，治理分析有助于我们理解一条价值链是如何被控制和协调的，即组织国际生产网络的治理结构。博弈中参与者是谁？存在什么样的规则？是竞争还是合作？怎样取得获胜机会？在回答这些问题时，全球价值链研究重点关注的是利益相关者之间的交易形式，无论是程式化的还是其他。这是因为交易的方式反映了交易各方之间权力关系的结构，这最终决定了博弈中价值分配的范围和规模。

Gereffi（1994）将治理界定为"决定人财物资源如何在价值链内分配和流动的权威与权力关系"。在全球商品链的早期框架下，治理常常通过"采购商驱动链"或"生产商驱动链"来描述。采购商驱动链的分析，凸显了沃尔玛和乐购等大型零售商与著名品牌经销商（如耐克、锐步）的强大影响力，尽管这些行为体自身生产能力有限甚至不从事生产，但通过要求供应商遵循特定标准和协议来引领价值链的运行方式。不同的是，在生产者驱动链中，供应链的所有活动环节更加垂直一体化，利用的是一体化供应商在技术或规模上的优势。理解治理以及如何控制价值链有助于企业进入全球产业并在其中获得发展。现实中，治理分析需要识别行业中的主导企业和其分布，它们与供应商如何互动，以及它们如何给供应商施加影响和权力。

全球价值链的"纵向整合"类型是基于母公司对其子公司进行绝对和单向控制的层次结构的。子公司的活动和业绩严格按照总部的管理策略进行监督和评估。与此相反，外包往往是在客户（买方）和分包商（服务提供商）之间形成平等关系，而且权力的行使或多或少是相互的，这与纵向整合类型不同。

基于纵向整合和外包的二分法，Gereffi、Humphery 和 Sturgeon（2005）根据缔约各方之间的权力关系进一步列出了具有更细致的全球价值链类型。图 2-2 展示了全球价值链治理的五种形式。长方形的双线边框代表公司的边界，其大小表示与另一方相比的议价能力。箭头显示了合作伙伴活动中业务干预的方向和程度，可以是支持性的，例如活动目标是从长远角度出发达到双赢，或者是掠夺性的，重点在短期之内快速获利。图表越是往右，客户（在"等级"类型下的总部）具有越大的议价能力，因此这些被认为能够对附加值的分配产生强大的影响力。

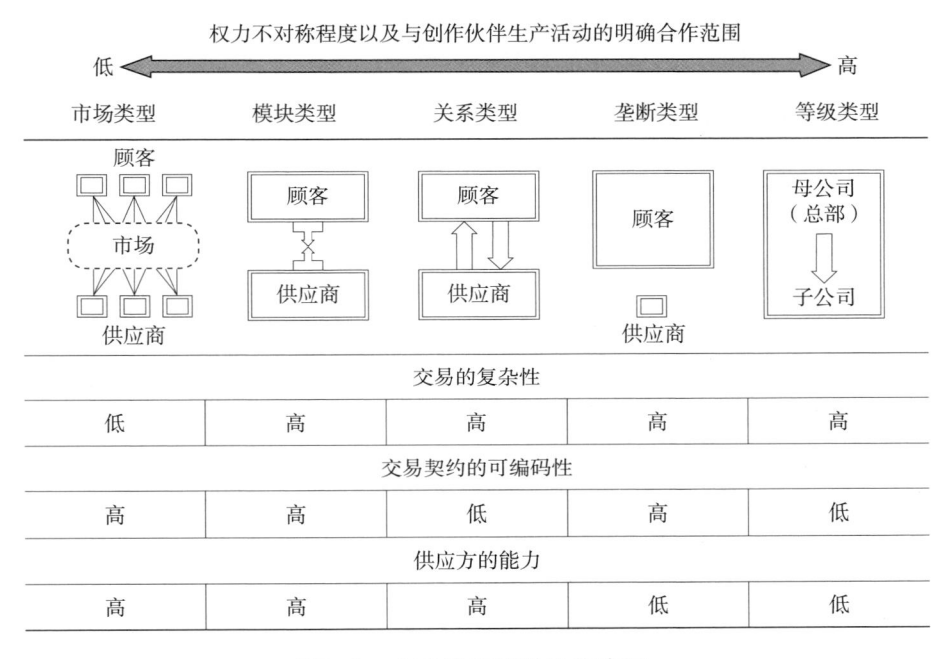

权力不对称程度以及与创作伙伴生产活动的明确合作范围 低 ⟷ 高				
市场类型	模块类型	关系类型	垄断类型	等级类型
顾客 市场 供应商	顾客 供应商	顾客 供应商	顾客 供应商	母公司（总部） 子公司
交易的复杂性				
低	高	高	高	高
交易契约的可编码性				
高	高	低	高	低
供应方的能力				
高	高	高	低	低

图2-2　全球价值链的治理类型

资料来源：Gereffi、Humphrey and Sturgeon（2005）。

Gereffi、Humphery 和 Sturgeon（2005）还通过考虑三个参数来考虑全球价值链结构的动态变化：（1）交易的复杂性；（2）交易契约的可编码性；（3）供应方的能力（被称为"3C 模型"——复杂性、契约可编码性和能力）。例如，价值链类型从"市场"型向"关系"型的转变与交易的复杂性相关联，而从"关系"型向"模块"型的转变则是假设交易契约的可编码性提高了；如果其他条件不变，提升供应方的能力则推动价值链从"垄断"型向"市场"型转变；等等。一些全球价值链类型转移的例子：自行车（从"等级"到"市场"）、服装（从

"垄断"到"关系")、新鲜蔬菜(从"市场"到"关系")和电子产品(从"等级"到"模块化")。通过探索全球价值链配置机制，特别考虑到发展中国家的产业升级和全球价值链驱动型增长，这一分类模式有助于识别促进价值链从一种类型向另一种类型转变的政策工具。

1. 市场型全球价值链

生产通用性质的商品，不需要为特定交易对生产设施进行专用投资，因此客户和供应商之间对另一方均可以有无数种选择。他们主要通过开放的现货市场交易以肩并肩的关系联系在一起。而且，通用商品的采购也不需要在合同各方之间交换详细的产品规格信息，因为关键信息大多简化为预设价格，可以从目录中找到。改变商业伙伴的交易成本几乎可以忽略不计，由于价格弹性高，价值链处于一个恒定的流动状态。

2. 模块型全球价值链

在商业管理或工业工程领域，"模块"一词通常是指由多个组件组合构成的综合体，被按照所生产最终产品的功能类型分组。通过组合差异化模块，生产者能够设计出具有多种形态的产品。同样，通过调整多用途设备的组合，一个供应基地能够允许某个复杂交易的实现，供应商将不必产生交易专用投资(即没有"敲竹杠"问题)，因此可以让广泛的潜在客户使用该设备。尽管交易各方相互提供的信息量是可观的(例如，是为了生产一种复杂产品)，在这种类型的全球价值链治理中，交易契约的相对可编码性减少了需要进行干预的必要性，供应商能全面掌控自身的生产过程。这意味着，改变合作伙伴的交易成本仍然相对较低。

3. 关系型全球价值链

当生产工序涉及专门设备(如特定形状的产品模具)，交易变得资产专用化，缔约方之间开始变得相互依赖。特定产品专门设备的其他用途范围有限，在其他情况下使用该设备，生产率将显著下降。因此，服务供应商(专门设备的持有者)没有动力寻找其他潜在客户。同样，该客户也较难，或至少必须以较高成本才能从不拥有这些专用设施的其他第三方供应商那里获得相同质量水准的产品供给。因此，双方都没有动力去寻求其他商务关系。此外，为提高生产率而进行的专门设备再投资，会深化交易的资产专用性，交易各方将被锁定于更加互相依赖的关系。

4. 俘获型全球价值链

这种类型的交易各方在行使权力上具有压倒性的差异，比如在一个具有全球品牌的主导企业与地方小型分包企业之间的业务关系中所能看到的那样。服务供应商需遵守客户的要求，并受到严格监督，以保证产品质量和交货时间。不同于市场型全球价值链，俘获型的服务供应商既没有足够的生产能力来实现大规模生产的规模优势，也没有专门的生产设施（如关系型全球价值链）来保证其在生产中的唯一性。由于生产能力水平有限，寻找替代业务关系的机会也大大减少，企业被客户控制在"俘虏"的地位。

5. 等级型全球价值链

这种类型的全球价值链通常是指垂直一体化企业内部的关系，如跨国公司。

（四）产业升级

产业升级研究是全球价值链研究的重要维度之一。升级被定义为企业、国家和区域向价值链中的更高价值环节移动来提高其参与全球生产的收益（例如安全、利润、增加值、能力）。升级成功与否，与政府政策、制度、企业战略、技术和劳动者技能的不同组合有关。在全球价值链的框架中，有以下几种类型的升级。

工序升级（Processl upgrading），通过对生产体系进行重组或引进更好的技术，从而提高投入—产出转化效率。

产品升级（Product upgrading），或升级为更先进的生产线。

功能升级（Functional upgrading），通过获取新的功能（或放弃现有功能）来提高生产活动的总体技术含量。

链条升级或产业间升级（Intersectoral upgrading），企业进入新的但通常与原行业相关的行业。

融入价值链（Entry in the value chain），即企业首次参与本国、区域或全球价值链。这是第一步，也是最具挑战性的升级行为。

后向关联升级（Backward linkage upgrading），即某产业中的本地企业（本国或外国）开始向其他公司，通常是跨国公司，供应可贸易的零部件和/或服务这些公司位于该国且已经是某全球产业链的一部分。

终端市场升级（End-market upgrading），包括进入新的、标准更严、更加精细化的市场，或进入要求更大规模产量和价格可及的更大型市场。

不同产业和国家的升级模式各不相同，这取决于价值链的投入产出结构和每个国家的制度环境。某些行业要求线性升级，即一国必须在获得价值链某活动环节上的专长后，才可能升级到下一个活动环节，有些行业或者国家则不需要（Gereffi and Fernandez-stark 2016）。

全球价值链中经济升级的主要挑战，是界定在何种条件下发展中国家和发达国家及其企业能够实现"价值链攀升"，即从基于廉价和非熟练劳动力的基本组装活动升级到从事更高级的"全包"供应和一体化制造。但是，高价值活动更多地集中在生产前和生产后的制造服务上，这对于东道国实施恰当的劳动力发展战略以在当地提供这些服务构成了挑战。正如"微笑曲线"理论所示，通常高增加值业务活动在发达国家进行，而较低增加值业务活动集中在发展中国家。

对于发展中国家的企业来说，升级的路径往往是先成为价值链中的供应商，例如出口商；再从配件组装到OEM再到OBM出口商。以纺织服装行业为例，从全球来看，中国是一个OEM/ODM服装出口商，但是在国内市场却拥有相当强的 OBM 供应商能力。

（五）本地制度考察

制度框架所界定的是本地、国家和国际层面的条件和政策如何塑造价值链每个阶段的全球化。全球价值链嵌入本地经济、社会和制度变动之中，所以，融进全球价值链高度依赖于这些本地条件。经济条件是指重要投入要素的可得性：劳动力成本、有效的基础设施以及金融等其他资源的可得性；社会环境决定可用的劳动力及其技能水平，比如女性成为劳动力和接受教育的可能性；制度还包括税务和劳工规则、补贴、教育和创新政策等能够促进或会阻碍产业增长和发展的因素。

由于全球价值链分布在全世界不同角落，使用这一分析框架让我们能够进行更加系统的比较（跨国别和跨区域）分析，来确定不同制度环境对相关经济和社会后果的影响。

（六）利益攸关方分析

关于价值链所处的本地变动分析需要对其中的利益攸关方进行考察。产业中所有的行为体都分布在价值链上，它们各自的主要作用也都得到了解释。价值链中最常见的利益攸关方包括公司、行业协会、工人、培训组织和政府机构，其中政府机构包括促进出口和吸引投资的部门、外贸部以及相关的经济和教育部门。

同时，分析在本地层面如何管理这些行为体之间的关系以及哪些行为体是变化驱动方十分重要。这类分析的核心是界定价值链中的关键行为体。这对于产业升级的政策建议，对于制定充分发挥每个利益攸关方作用的产业发展战略，都颇具价值。

本书的全球价值链分析框架正是严格地按照这一分析范式，以全球价值链的治理与升级为核心探讨问题，首先以基于贸易分解及一系列指标研究中国制造业入世以后的投入产出结构及在地理范围上的表现为切入点,其次在治理和升级维度的考察中研究了利益相关方的表现及作用,再次考察本地制度建设的国际经验。

四 全球价值链实证研究

(一)基于案例分析

早期的定量描述全球价值链的努力主要是一些利用企业业务数据进行的研究。这些研究通常旨在根据制造商本身提供的数据或私人咨询公司的分析报告来确定某些产品的投入品采购构成和产品销售网络构成;或者可以使用来自相关行业协会的信息分析该行业细分通用产品类型的平均投入品构成信息(Sturgeon et al. 2013)。

早期的这一类研究譬如 Dedrick、Kraemer 和 Linden(2008),他们利用业务报表信息,分析了四个代表性产品的增加值结构,分别是苹果的 iPod 和视频 iPod,惠普和联想的笔记本电脑。他们发现,2005年 iPod 零售价为 299 美元,其中产品的出厂成本为 144 美元,分销费用是 75 美元,主导企业(即苹果公司)可得 80 美元利润,而在工厂成本中,大约只有 3.86 美元归属在中国的装配服务。该研究的初始目的是调查企业如何借助跨境生产的分享,从技术创新中受益,但是它却展示了另一个更加引人深思的问题,即基于产品总价的传统贸易统计是否有效。

之后是对贸易不平衡问题的研究。因为 2009 年 iPhone 还没在中国市场销售,这意味着中国对美国的 iPhone 出口相当于该产品的美国对中国的贸易赤字。研究显示,如果从增值角度看,美国的这一贸易赤字可以分解为包括对日本和德国等其他国家的赤字,因为日本和德国是 iPhone 零件产品的核心供应商,而美国和中国在 iPhone 上的贸易赤字则应从 19 亿美元减少到 7300 万美元。

因为不借助于任何形式的统计推断，而是直接利用每个企业提供的数据，这些"产品层面"的研究方法在描述生产链的实际结构时是十分有用的。然而，这种方法也有明显的不足之处。

首先，在考虑贸易政策等宏观经济问题时，这种方法应用范围有限，因为其分析对象局限于特定产品或少数企业的活动，远远不能反映全国范围内整个价值的流动趋势。其次，在考虑贸易政策等宏观经济问题，这种方法应用范围也有限。此外，由于价值是在生产过程的每一个阶段产生的，因此增加值分析应能够跟踪整个供应链的所有生产阶段。然而，产品层面分析方法仅考虑直接投入品供应商（第一层）的增加值结构，而将增加值的其他部分忽略了。例如，iPhone 中的硬盘驱动器，也包含不同国家生产的零件，因此需要进一步分解其增加值的来源。

（二）基于投入产出表分析

鉴于常规方法的局限性，多国投入产出表日益受到关注。多国投入产出表通过连接某一时点各国的投入产出表形成的海量数据集提供了国际商品和服务交易的系统且详细的图谱。这些表格包含行业间和全球各国之间供应与使用关系的信息，而对外贸易统计中是没有这些信息的，根据这些信息，可以识别国际生产分享的垂直结构。此外，与产品层面方法不同，投入产出分析涵盖了构成经济体系的一系列行业，从而可以衡量国家或地区的跨境价值流动。理论上，这种方法可以跟踪每个生产阶段，每个国家、每个产品的增加值生成过程。

投入产出方法也有其局限性。Sturgeon（2013）指出，源于投入产出统计表自身的特性，（国际）投入产出分析也具有局限性。首先，表的部门分类以工业类别为基础，因此无法确定某项具体任务如研发或装配等创造的增加值。其次，交易以属地标准记录，换句话说，生产活动被领土边界界定，与所生产货物相关联的国籍无关，这可能导致国家间增加值的归属不准确。最后，投入产出表中完全没有关于具体交易性质的信息，价值链的定性分析即使不是毫无可能，至少也是相当困难的。

简而言之，定性分析个别价值链，例如分析全球价值链治理安排的形式或各方之间的技术转让方式，可采用产品层面方法。多国投入产出分析方法，可以在系统层面上捕捉更广阔背景下价值链配置的全貌。这些方法不是排他性的相互替代，而是必须根据研究问题的类型，相互补充使用。

过去十年中，使用投入产出表研究全球价值链越来越普遍，这可以追溯到 Hummels、Ishii 和 Yi（2001）。他们引入了垂直专业化的概念即"用于生产出口商品的进口中间品投入量"，换句话说，出口的进口含量，这成为国际生产分享的度量标准。Chen 等（2004）将这一思想纳入增加值领域，并把它与忽略加工贸易和用总出口值衡量国际贸易而所导致统计数据的扭曲相联系。该研究以增加值视角全面考察了长期争论的中美贸易不平衡问题。Koopman 等（2012）则进一步正式将用增加值衡量贸易发展为方法论。他们将中国投入产出矩阵分为两部分，一个是加工出口，另一个是其他生产。他们的研究显示，2002 年中国制造业出口的国外增加值含量约为 50%，是直接应用纵向专业化指标的近两倍。这种方法从量化角度直观地展示了使用增加值衡量贸易的重要性，以及忽视加工贸易因素对分析造成的影响。

Koopman 等（2014）设计了能够将总出口分解成不同增加值来源的完整方法。总出口首先被分解为"被国外吸收的国内增加值""先出口后返回国内的国内增加值""外国增加值"和"纯重复计算"四个部分，每个部分再根据交易模式进一步分解。其结果是对增加值生成过程的全面描绘，系统地将衡量增加值贸易的上述各种公式整合到了一个统一的核算框架中。尤其是该方法能够分离总出口中的重复计算因素，而重复计算一直是困扰着从事实证分析的贸易经济学家的一个问题。

第二节 基于全球价值链的我国制造业地位分析

在前一章中，本书系统回顾了全球价值链理论框架，从本章开始，将充分应用这一理论框架深入探索中国制造业全球价值链演变、现状及在数字经济时代的治理和升级问题。首先，本节运用基于投入产出表的模型在系统层面上研究中国制造业全球价值链配置全貌。

一 基于投入产出表的全球价值链分解

美国经济学家里昂惕夫（Leontief）于 1936 年在 "Quantitative Input and Output Relations in the Economic Systems of the United States" 一文中创立经典的投入产出技术，在 1941 年出版的 *The Structure of the American Economy* 一书中，他进一步系统论述了投入产出技术的原理和使用方法。随后投入产出技术开始应用于美国及其他国家的经济工作中，比如里昂惕夫运用投入产出表研究了美国如将国防开支的 20% 用在民用支出上将会给各州、各部门带来的经济和社会影响，再如美国劳动局通过运用投入产出技术预测"二战"后美国的就业状况。

多国、多地区投入产出模型是利用国家间或地区间的商品和服务流动，将各个国家或各个地区的投入产出模型连接而成。目的在于可以较完整、清晰地反映各国各地区各部门之间的复杂的经济联系。在投入部分，多国、多地区投入产出模型记录了国家（或地区）各个生产部门生产产品需要使用的中间投入，这些中间投入来自各个国家（或地区）的各个部门；在产出部分，该模型记录了国家（或地区）部门产品的使用流向。通过将投入侧和产出侧结合使用，就可以利用投入和需求关系对增加值的来向做拆分，从而最终将产品（服务）的增加值回归到各自的来源地。并且，该模型还能测算每个国家（或地区）各个部门生产过程中附加的增加值，也就意味着，通过无限次的追溯，研究者可以将产品（服务）每个阶段的生产都转换为增加值（Johnson 2014）。多国投入产出模型是经济学中用于分析产业间联系与相互作用、地区产业结构差异、产业溢出效应和反馈效应并进行合理资源配置的重要工具。

在介绍多国投入产出模型前，需要理解国际生产分工理论（International Production Fragmentation），该理论由 Jones 和 Kierzkowski（1990）首次提出，他们将"生产过程分离并分散化"称为分散化的生产，并指出"分散化生产时，将涉更多以及更复杂的协作，而服务就连接起了这些协作。服务的速度、效率影响了生产环节的分散化运作能否达到最佳水平"。这一理论旨在追踪全球生产网络，对生产的所有过程进行追根溯源。在生产的每一个环节，增加值都通过不同的形式计入产品价值。显然，在全球化的背景下，生产链的活动更多地由全球范围的企业间网络来完成。

由多国投入产出模型可获得各国（或地区）、各部门通过出口获得的国内增加值。从全球价值链应用角度，为了核算增加值贸易从而进行政策决策，我们还需要了解除国内增加值以外的价值与结构，比如需要测算来自每个来源国沿着生产链的中间品投入和增加值贡献率，进一步分解国内增加值的结构等。针对这一问题，Koopman 等（Koopman et al. 2010; Koopman, Wang, and Wei 2008; Koopman, Wang, and Wei 2012）做了深入的研究，他们将一国的总出口分解为被返回国内的增加值、被外国吸收的增加值、国外增加值、纯重复计算四个部分，并根据出口品的最终去向，将出口品价值拆分为九个部分。Wang et al.（2013，2015）解决了 Koopman 方法不能分解一国不同部门出口的局限性问题，提出了多个层次的贸易流分解模型，并解决了出口品在进行各种重复计算分解和增加值测算时的异质性问题。即根据出口产品（服务）的最终吸收地及价值来向的不同，将一国（或地区）的出口贸易总值分解为包含增加值和重复计算部分在内的 16 个部分。简化后分解公式如下所示：

$$E^{ij} = A^{ij}X^{j} + Y^{ij}$$

$$= [V^{i}B^{ii} \# \sum_{i \neq j}^{m} Y^{ij} + V^{i}L^{ii} \# \sum_{i \neq j}^{m} A^{ij}B^{jj}Y^{jj} + (V^{i}L^{ii} \# \sum_{i \neq j}^{m} A^{ij} \sum_{t \neq i'j}^{m} B^{jt}Y^{tt}$$

$$+ V^{i}L^{ii} \# \sum_{i \neq j}^{m} A^{ij}Y^{jj} \sum_{t \neq s'j}^{m} Y^{jt} + V^{i}L^{ii} \# \sum_{i \neq j}^{m} A^{ij} \sum_{t \neq j}^{m} \sum_{u \neq i'j}^{m} B^{jt}Y^{tu})]$$

$$+ [(V^{i}L^{ii} \# \sum_{i \neq j}^{m} A^{ij}B^{jj}Y^{ji} + V^{i}L^{ii} \# \sum_{i \neq j}^{m} A^{ij} \sum_{t \neq i'j}^{m} B^{jt}Y^{ts} + V^{i}L^{ii} \# \sum_{i \neq j}^{m} A^{ij}B^{ji}Y^{ii})]$$

$$+ [(\sum_{i \neq j}^{m} V^{j}B^{ij} \# Y^{ij} + \sum_{i \neq j}^{m} \sum_{t \neq i'j}^{m} V^{t}B^{ti} \# Y^{ij}) + (\sum_{i \neq j}^{m} V^{j}B^{ji} \# A^{ij}L^{ii}Y^{jj}$$

$$+ \sum_{i \neq j}^{m} \sum_{t \neq i'j}^{m} V^{t}B^{ti} \# A^{ij}L^{jj}Y^{ii})] + [(V^{i}L^{ii} \# \sum_{i \neq j}^{m} A^{ij} \sum_{t \neq j}^{m} B^{ji}Y^{it}$$

$$+ (V^{i}B^{ii} - V^{i}L^{ii}) \# \sum_{i \neq j}^{m} A^{ij}X^{j}) + (\sum_{i \neq j}^{m} V^{j}B^{ji} \# A^{ij}L^{jj}Y^{ji}$$

$$+ \sum_{i \neq j}^{m} \sum_{t \neq i'j}^{m} V^{t}B^{ti} \# A^{ij}L^{jj}E^{ji})]$$

$$= \{DVA\} + \{RDV\} + \{FVA\} + \{PDC\} \qquad (2-1)$$

上述 E^{ij} 的表达式清晰表述了 i 国（或地区）向 j 国（或地区）的总出口完全分解结果。每个中括号里的拆分分别对应 DVA、RDV、FVA 和 PDC 四部分的分解项。每一部分所代表的经济意义解释如下。

（1）最终被国外吸收的国内增加值 DVA，这一部分可以拆分为五项，本书为便于理解合并为三项：① $V^{i}B^{ii} \# \sum_{i \neq j}^{m} Y^{ij}$ 代表最终产品（或服务）出口的国内增加值 DVA_FIN；② $V^{i}L^{ii} \# \sum_{i \neq j}^{m} A^{ij}B^{jj}Y^{jj}$ 代表被直接进口国吸收的中间产品（或服务）出口 DVA_INT；③ $V^{i}L^{ii} \# \sum_{i \neq j}^{m} A^{ij} \sum_{t \neq i'j}^{m} B^{jt}Y^{tt} +$

$V^iL^{ii}\#\sum_{i\neq j}^{m}A^{ij}Y^{jj}\sum_{t\neq s'j}^{m}Y^{jt}+V^iL^{ii}\#\sum_{i\neq j}^{m}A^{ij}\sum_{t\neq j}^{m}\sum_{u\neq j}^{m}B^{jt}Y^{tu}$ 代表被直接进口国生产向第三国再出口所吸收的中间产品（或服务）出口 DVA_INTREX。DVA_INT 和 DVA_INTREX 的区别在于进口国进口产品（服务）的使用目的不同，前者是进口国仅供国内使用不再出口，后者是经过加工再次出口到其他国家。

（2）返回国内并最终在本国被吸收的国内增加值 RDV，这一部分可以拆分为三项：① $V^iL^{ii}\#\sum_{i\neq j}^{m}A^{ij}B^{jj}Y^{ji}$ 代表被进口国生产最终产品（或服务）出口返回至本国，在国内被吸收的中间出口产品（或服务）的国内增加值；② $V^iL^{ii}\#\sum_{i\neq j}^{m}A^{ij}\sum_{t\neq i'j}^{m}B^{jt}Y^{ts}$ 代表在本国被吸收，但是被进口国生产中间产品（或服务）而出口至第三国的中间出口产品（或服务）的国内增加值；③ $V^iL^{ii}\#\sum_{i\neq j}^{m}A^{ij}B^{ji}Y^{ii}$ 为被进口国生产中间产品（或服务）而出口返回本国，在国内被用于生产最终需求所吸收的国内增加值。RDV 并不构成增加值出口，但是隐含于出口 GDP 中。

（3）镶嵌在国内出口产品（或服务）中的国外增加值 FVA，这一部分可以拆分为两项：① $\sum_{i\neq j}^{m}V^iB^{ij}\#Y^{ij}+\sum_{i\neq j}^{m}\sum_{t\neq i'j}^{m}V^tB^{ti}\#Y^{ij}$ 代表以最终产品（或服务）出口至进口国以及第三国的国外增加值 FVA_FNT；② $\sum_{i\neq j}^{m}V^jB^{ji}\#A^{ji}L^{ii}Y^{jj}+\sum_{i\neq j}^{m}\sum_{t\neq i'j}^{m}V^tB^{ti}\#A^{ij}L^{jj}Y^{jj}$ 代表被进口国生产国内需求而吸收的进口国增加值以及第三国增加值 FVA_INT。

（4）重复计算部分 PDC：这是由中间品多次往返跨越国界的性质决定的，这些重复计算的中间品贸易实质上并不构成 GDP 或最终需求，但被海关计入贸易统计，需要在测算时扣除。这一部分可以拆分为两项：① $V^iL^{ii}\#\sum_{i\neq j}^{m}A^{ij}\sum_{t\neq j}^{m}B^{jt}Y^{jt}+(V^iB^{ii}-V^iL^{ii})\#\sum_{i\neq j}^{m}A^{ij}X^{j}$ 代表通过进口返回本国被生产出口（最终需求出口和中间出口）的国内账户重复计

算部分 DDC；② $\sum_{i\neq j}^{m} V^j B^{ji} \# A^{ij} L^{ij} Y^{ji} + \sum_{i\neq j}^{m}\sum_{t\neq i'j}^{m} V^t B^{ti} \# A^{ij} L^{ij} E^{ji}$ 代表本国中间产品出口时重复计算的进口国价值以及第三国价值，这是外国（进口国或者第三国）的账户重复计算部分 FDC。

据此，国内价值部分是最终被国外吸收的国内增加值 DVA 与返回国内并最终在本国被吸收的国内增加值 RDV 之和；垂直专业化（Vertical Specialization）由镶嵌在国内出口产品（或服务）中的国外增加值 FVA 和纯重复计算部分 PDC 得到。

（一）样本和数据

在传统的国际贸易统计中，进出口额和贸易差额一般是按照跨境产品（或服务）的价值计算的。在二三十年前，这一方法尚可接受，因为出口产品中所包含的中间产品的数量和价值是有限的，也就是说，总出口包含了绝大多数的国内增加值。Hummels 等（2001）认为在经济全球化前，垂直专业化在大多数国家程度还比较低，但发展迅速。10 个 OECD 国家和 4 个新兴国家的投入产出表证明垂直专业化程度在 1970 年至 1990 年增长了 30%。

在全球价值链背景下，由于传统总额贸易统计方法包含了大量的重复计算，增加值贸易的核算方法开始引起重视并得到推动。这就需要将双边贸易数据和国家（地区）投入产出表相结合的具有国际视野的多国（地区）投入产出表作为前提。目前学界广泛使用的数据库见表 2-1。

表 2-1　　　　　　　　多国投入产出表

数据库名称	发布机构	特征	基于该数据库的部分研究
OECD 投入产出表	OECD	涵盖 OECD 以及其他 28 国家；时间跨度为 2005—2015	Hummels, Ishii and Yi (2001); Johnson and Noguera (2012, 2014)

续表

数据库名称	发布机构	特征	基于该数据库的部分研究
WTO-OECD TiVA 数据库	WTO	涵盖63个国家和地区，34个部门；时间跨度为1995—2011	De Backer and Miroudot (2013)
世界投入产出数据库	WIOD	涵盖43个国家和地区，56个部门；时间跨度为2000—2014；最新为2016年版	Timmer, M. P., Los, B., Stehrer, R. and de Vries, G. J. (2016); R. Adao, A. Costinot, and D. Donaldson (2017)
IDE-JETRO 亚洲投入产出表	亚洲经济研究所	涵盖10个国家，76个部门；时期为1975、1980、1985、1990、2000、2005	Puzzello (2012)

资料来源：根据公开信息整理。

通过对几个主要数据库的比较发现，由 WIOD 发布的世界投入产出数据库时间更新到2014年，且2016年版提供了2000—2014年连续时间序列数据，并包括了环境和社会经济等账户的统计数据，它涵盖的部门相对全面（所有部门对应 ISIC. rev 4）。该数据库已经得到了国际社会、研究学者和相关领域的广泛认可，它所统计的国家和地区 GDP 总和占全球 GDP 的85%以上，可以较客观地反映全球经济活动，研究者能更科学地测算相关的增加值贸易指标。因此，本书使用世界投入产出数据库。世界投入产出表中的制造业相关部门及其与 NACE rev 2 的对应关系见表2-2。

表2-2　　　　　　　　　　NACE 部门对应

序号	NACE rev 2 (ISIC rev 4)	行业名称
C05	C10—C12	食品、饮料制造及烟草业
C06	C13—C15	纺织、服装及皮革制品制造业
C07	C16	木头及木制品加工业，家具除外；竹、藤、草、码布制品业
C08	C17	造纸及纸制品业
C09	C18	印刷业及记录媒介的复制业
C10	C19	炼焦及石油加工业
C11	C20	化学原料及化学制品制造业

续表

序号	NACE rev 2 (ISIC rev 4)	行业名称
C12	C21	基础制药业及药物制剂业
C13	C22	橡胶及塑料制品业
C14	C23	非金属矿物制品业
C15	C24	基础金属制品业
C16	C25	焊接金属制品业，机械与设备除外
C17	C26	电脑、电子产品及光学产品制造业
C18	C27	电子设备制造业
C19	C28	机械及设备制造业
C20	C29	汽车、拖车及半拖车制造业
C21	C30	其他交通运输设备制造业
C22	C31—C32	家具制造业；其他制造业

资料来源：笔者整理。

（二）中国制造业全球价值链的分解分析

1. 中国制造业出口贸易情况概述

在研究中国制造业出口贸易时，本书将其区分为最终产品贸易和中间产品贸易。图 2-3 展示了 2000—2014 年中国制造业的最终产品及中间产品出口情况。首先，我国制造业出口总额呈现稳步上升趋势，除 2009 年受国际金融危机影响出口总额有所下降外，我国制造业出口贸易年均复合增长率约为 17.8%，高于同期我国总出口的年均复合增长率 0.6%。与其他出口大国相比，同期美国制造业出口年均复合增长率为 4.2%，同期德国制造业出口年均复合增长率为 7.6%。其次，中间产品出口总额绝对值增加，同时所占制造业总出口的比重增加。中间产品出口额由 2000 年的 735 亿美元大幅增长到 2014 年的 9237 亿美元，年均复合增长率高达近 20%，同时由 2000 年占总出口的 38% 上升到 2014 年的 46%；与此相对应的是制造业最终产品的出口总额呈现上升趋势，但所占制造业总出口的比重有所下降。最终产品出口额由 2000

年的1256亿美元上升至2014年的10709亿美元，年均复合增长率为16.5%，同时由2000年占总出口的63%下降至2014年的53%。虽然在此期间中国制造业出口仍然以最终产品出口为主，但中间产品出口贸易的增长率高于最终产品出口贸易增长率约3.5%，且与最终产品占比下降的趋势相反，呈现稳步上升的态势。这与中国入世后越来越嵌入全球生产网络，参与全球价值链程度加深的总体趋势以及中国在国际分工中的角色转变保持一致。

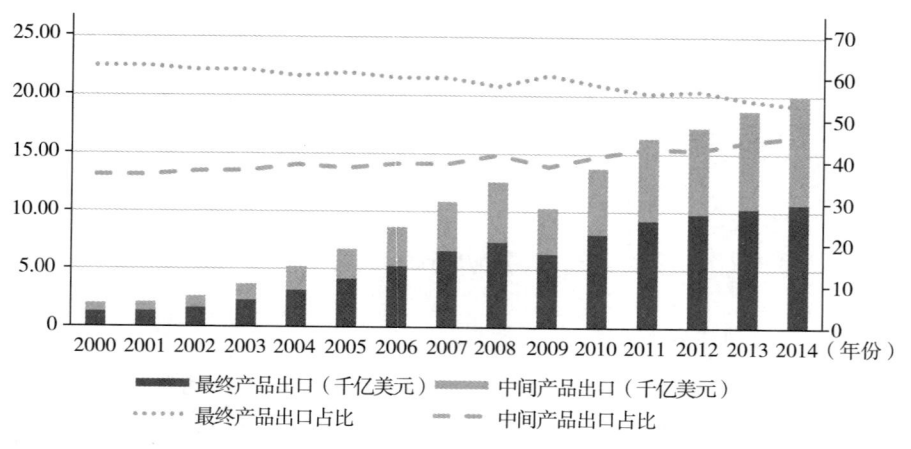

图2-3 2000—2014年中国制造业最终产品出口和中间产品出口
资料来源：由WIOD整理得到。

通过与美国、德国、日本等发达经济体的制造业出口贸易进行横向比较，可以发现不同经济体的制造业出口结构呈现明显的差异，这也从一方面反映了中国与发达国家所处全球价值链位置的不同。从制造业出口总额来看，中国在2000—2014年的增长率远远高于美国、德国和日本，但这一增长主要是由最终产品的出口带来的。相反，美国、德国和日本的制造业出口中，最终产品所占比例相对较低，尤其是美国，在报告期内始终低于40%，而三个国家的中间产品出口所占比例均高于50%，且都有所增长，其中日本的中间产品所占比例由2000年的52%上升到2014年的61%。

表2-3 制造业出口贸易国际比较

年份	中国 总出口（亿美元）	中间产品占总出口比例（%）	最终产品占总出口比例（%）	年份	美国 总出口（亿美元）	中间产品占总出口比例（%）	最终产品占总出口比例（%）
2000	199.19	36.91	63.09	2000	582.91	60.35	39.65
2005	412.75	38.53	61.47	2005	634.44	61.90	38.10
2010	804.78	41.51	58.49	2010	836.21	62.68	37.32
2014	1070.94	46.31	53.69	2014	1048.08	62.17	37.83

年份	德国 总出口（亿美元）	中间产品占总出口比例（%）	最终产品占总出口比例（%）	年份	日本 总出口（亿美元）	中间产品占总出口比例（%）	最终产品占总出口比例（%）
2000	467.13	52.67	47.33	2000	412.08	52.55	47.45
2005	818.79	52.64	47.36	2005	517.74	54.03	45.97
2010	1085.07	54.07	45.93	2010	640.30	59.52	40.48
2014	1312.17	54.57	45.43	2014	667.66	60.89	39.11

数据来源：根据WIOD测算得到。

2. 中国制造业的贸易分解——基于WWZ方法

本节用式（2-1）和2016年版世界投入产出数据库对我国制造业出口数据进行贸易分解，分解的方法是Wang et al.（2013）提出的WWZ方法。得到的测算结果如表2-4。

表2-4 中国制造业的贸易分解分析

年份		总出口	最终产品出口	中间产品出口	DVA	DVA_FIN	DVA_INT	DVA_INTREX	RDV	FVA	PDC
2000	价值（十亿美元）	199.19	125.67	73.53	161.81	102.41	36.16	21.61	1.63	30.84	6.54
	占比（%）	100.00	63.09	36.91	81.23	51.41	18.15	10.85	0.82	15.48	3.28

续表

年份		总出口	最终产品出口	中间产品出口	DVA	DVA_FIN	DVA_INT	DVA_INTREX	RDV	FVA	PDC
2005	价值（十亿美元）	671.43	412.75	258.68	496.33	308.10	113.23	66.47	8.53	139.65	35.39
	占比（%）	100.00	61.47	38.53	73.92	45.89	16.86	9.90	1.27	20.80	5.27
2010	价值（十亿美元）	1375.95	804.78	571.17	1062.92	632.92	260.55	144.64	24.81	242.52	70.43
	占比（%）	100.00	58.49	41.51	77.25	46.00	18.94	10.51	1.80	17.63	5.12
2014	价值（十亿美元）	1994.69	1070.94	923.75	1622.09	887.76	458.19	229.82	46.33	281.85	90.70
	占比（%）	100.00	53.69	46.31	81.32	44.51	22.97	11.52	2.32	14.13	4.55

数据来源：根据WIOD测算得到。

根据前文的推导，分解结果的理解逻辑是：①总出口＝最终产品出口＋中间产品出库；②国内增加值 DVA＝制造业最终产品出口的国内增加值 DVA_FIN＋进口国吸收的制造业中间产品出口的国内增加值 DVA＋进口国出口至第三国的制造业中间产品出口国内增加值 DVA_INTREX；③总出口＝国内增加值 DVA＋经过加工作为中间产品在出口到本国的国内增加值 RDV＋镶嵌在本国出口中的国外增加值 FVA＋纯重复计算部分 RDC。

从测算结果出发，2000—2014 年，中国制造业出口品的国内增加值年均复合增长率为 17.89%，与制造业总出口贸易的增长基本持平（为 17.88%），其所占总出口的比例出现了先降后升的趋势，下降的趋势在金融危机后得到逆转，这与国内贸易结构升级以及生产技术水平的提高有较大关系。把国内增加值拆分来看，最终产品出口的国内增加值贡献最大，但占总出口的比重在报告期内呈下降趋势，由 2000 年的 51.41% 降至 2014 年的 44.51%。同时，被进口国吸收的制造业中间产品国内增加值占总出口的比例由2000年的18.15%上升至2014年的22.97%，年均复合增长率近20%，增长较为显著。被第三国吸收的制造业中间产品国内增加值占总出口的比例由2000年的10.85%上升至2014年的11.52%，增长率为18.39%。从国内增加值的测算结果可以看出目前我国制造业出口仍以加工、装配进口中间产品等附加值较低的活动为主，但这一状况正在逐步改善，制造业中间产品的出口比例增加，表明在全球价值链上的层次有所提升。

返回并最终在国内被吸收的增加值RDV在报告期内占总出口的比例由0.82%上升至2.32%，在7个分解指标里所占比例最低。这表明制造业产品中先被出口至国外（出口国或者出口至第三国）再返回中国，最终在中国被消费的增加值非常少。2000—2014年，制造业国外增加值占总出口的比例由15.48%下降至14.13%，经历了先升后降的趋势，最高时达20%，平均来看占比约为17%。这表明我国制造业的出口对外国的依赖程度还比较高。2009年后制造业出口贸易中国外增加值的增长趋势放缓，这与金融危机以来西方国家出现了逆全球化的态势，传统贸易格局受到冲击有较大关系。重复计算的增加值占总出口比例由2000年的3.28%增长至2014年的4.55%，表明中国参与的制造业全球价值链变得更长，制造业中间产品参与全球价值链的环节增加，跨越国境的次数增加。

表2-5　　　　　　　　美国制造业的贸易分解分析

年份		总出口	最终产品出口	中间产品出口	DVA	DVA_FIN	DVA_INT	DVA_INTREX	RDV	FVA	PDC
2000	价值（十亿美元）	582.91	231.12	351.79	501.64	201.95	149.11	72.91	77.66	51.38	29.83
	占比（%）	100.00	39.65	60.35	86.06	34.65	25.58	12.51	13.32	8.81	5.12
2005	价值（十亿美元）	634.44	241.75	392.69	535.29	207.51	170.19	82.50	75.09	64.80	34.26
	占比（%）	100.00	38.10	61.90	84.37	32.71	26.82	13.00	11.84	10.21	5.40

续表

年份		总出口	最终产品出口	中间产品出口	DVA	DVA_FIN	DVA_INT	DVA_INTREX	RDV	FVA	PDC
2010	价值（十亿美元）	836.21	312.05	524.15	700.89	266.77	247.14	117.38	69.60	93.19	41.97
	占比（%）	100.00	37.32	62.68	83.82	31.90	29.55	14.04	8.32	11.14	5.02
2014	价值（十亿美元）	1048.08	372.15	675.93	854.82	329.69	300.25	141.07	83.80	133.13	60.02
	占比（%）	100.00	35.51	64.49	81.56	31.46	28.65	13.46	8.00	12.70	5.73

数据来源：根据WIOD测算得到。

表2-5所示为2000—2014年美国的制造业出口贸易分解结果，对比发现，中美两国国内增加值占总制造业出口的比例看似相近（2014年美国为81.56%，中国为81.32%），但两国的出口增加值结构实则差异巨大。首先，从国内增加值的细项来看，美国最终产品出口的国内增加值占总国内增加值的比例（DVA_FIN/DVA）自2000年的40.26%下降至2014年的38.57%，报告期内平均值仅为32.67%；而中国同期该比例自2000年的63.29%下降至2014年的54.73%，报告期内平均值为47%。同时，美国中间产品出口的国内增加值（$DVA\_INT + DVA\_INTREX$）占总国内增加值的比例在2014年达到51.63%；而中国同期该比例为42.41%，主要差别体现在被直接吸收的国内增加值（DVA_INT），2014年美国DVA_INT占DVA比例为35.13%，而中国为28.25%。其次，从国外增加值指标来看，中国始终高于美国，2014年中国制造业总出口中FVA占比为14.13%，而美国为12.70%，值得注意的是，2000—2014年，美国制造业出口的外国增加值占比呈缓慢上升趋势（8.81%升至12.70%），这一结果或与美国企业大量对外直接投资相关，而中国该指标在同期内最高达到20.80%（2005年）后下降至14.13%。这一对比从侧面反映了中美在产业上的结构差异，也证明了美国相较中国从事更多的高附加值活动（比如美国有技术、

管理、人力上的优势从事高端研发环节，从而出口更多的中间产品），也就是说，处于更高的全球价值链位置上。同时，也与美国制造业贸易赤字的现实情况保持一致（美国出口中间产品，而进口最终产品）。

二 部门层面的垂直专业化结构剖析

垂直专业化（Vertical Specialization，VS）是刻画国家（地区）或部门所在全球价值链位置中的一个重要维度。垂直专业化描绘了全球生产网络的核心思想——在生产产品的过程中相关国家序贯相连，尽管垂直贸易本身并不需要企业的垂直一体化（Gereffi 2005）。该指标测度的是出口中含有多少上游国家的国外增加值。表 2-6 展示了中国制造业部门层面的垂直专业化水平，该指标由垂直专业化/部门出口得到。

表 2-6　　　　　中国制造业部门层面垂直专业化指标（%）

年份	C05	C06	C07	C08	C09	C10	C11	C12	C13
2000	7.02	16.39	12.56	14.44	13.07	14.94	18.12	9.85	17.81
2005	10.33	18.48	16.96	19.66	18.08	25.30	25.86	13.59	25.66
2010	9.19	13.05	15.04	18.24	15.78	27.28	23.17	11.30	21.81
2014	7.33	9.94	13.59	15.92	13.29	24.32	19.20	9.17	17.06

年份	C14	C15	C16	C17	C18	C19	C20	C21	C22
2000	12.32	15.71	15.73	29.65	17.98	15.02	14.44	17.12	11.49
2005	18.39	22.50	20.28	38.27	23.93	21.44	21.36	22.50	13.11
2010	17.49	23.23	19.30	33.12	22.47	19.97	17.82	20.12	12.12
2014	14.91	21.54	16.97	27.48	18.96	16.62	14.77	16.78	10.91

数据来源：由WIOD测算得到。

可以看出，我国制造业垂直专业化程度较高的部门有[①]电脑、电子产品及光学产品制造业（C17），炼焦及石油加工业（C10），基础金

---

① 按照垂直专业化程度由高到低排列。

属制品业（C15）、化学原料及化学制品制造业（C11）、电子设备制造业（C18）。垂直专业化程度越高，代表使用上游国家的原材料的比例越大，意味着这些部门相对处于更加下游的位置。在食品、饮料制造业及烟草业（C05），纺织业（C06）及印刷业（C09）部门，垂直专业化程度较低，意味着这些部门生产的中间产品被下游国家用于出口再生产的比例较高，换句话说，处于相对上游的位置。不难发现垂直专业化程度较高的部门均落在资本密集型制造业部门内，而垂直专业化程度较低的部门都包含在劳动密集型制造业内。

表 2-7　中国纺织服装业及电脑、电子产品、光学产品制造业垂直专业化结构

年份	在 VS 中的比例（%）			年份	在 VS 中的比例（%）		
	FAV_fin	*FVA_int*	*PDC*		*FAV_fin*	*FVA_int*	*PDC*
2000	81.94	9.12	8.94	2000	66.39	12.96	20.65
2005	80.53	10.18	9.29	2005	66.85	30.50	2.65
2010	80.34	11.00	8.66	2010	59.96	38.27	1.76
2014	77.25	12.51	10.24	2014	55.42	42.61	1.97
备注：纺织服装制造业（C06）				备注：电脑、电子产品、光学产品制造业（C17）			

数据来源：由WIOD2016数据库测算得到。

为了更好地理解每个制造业部门在全球价值链中所处的位置与变化，本书对世界投入产出数据库的17个制造业部门分别进行了垂直专业化水平的分解分析。因篇幅限制，全部测算结果附后（详见附表1至附表4）。这里仅列出纺织服装制造业（C06）及电脑、电子产品、光学设备制造业（C17）的垂直专业化结构。

纺织服装制造业是比较典型的我国垂直专业化程度较低的制造业部门，2000年至2014年，纺织服装制造业 *VS* 占总出口的比例呈现了明显的下降趋势（由16.39%降至9.94%）。而从 *VS* 的结构来看，中间品的国外增加值和重复计算部分都有所上升（分别是3.38%和1.30%），

所以 VS 比重下降主要是由最终产品国外增加值的降低造成的，但这一变化并不明显，因为 2014 年最终产品的国外增加值仍然高达 77.25%。这说明中国的服装制造业部门中间产品出口被进口国用于生产的比例虽有所上升，但总体来看仍然处于全球价值链相对较低的位置从事加工组装等生产。

电子产品、光学产品制造业是比较典型的我国垂直专业化程度高的制造业部门。2000 年至 2014 年，VS 占总出口的比值虽先上升后下降，但总的来看，一直保持在较高水平，报告期内平均为 32.13%。从 VS 的结构来看，中间产品的国外增加值部分显著上升，增长近 30%（由 2000 年的 12.96% 上涨至 2014 年的 42.61%），而最终产品的国外增加值和重复计算所占比例明显下降，意味着该部门有越来越多的中间产品被出口用于最终生产，说明电子产品制造业可能在向价值链中上游攀升。

三　修正后的显性比较优势测度

（一）理论模型

Balassa（1965）提出的显性比较优势指数（Revealed Comparative Advantage Index）被广泛运用于国际贸易中的部门竞争力研究。显性比较优势指数，简称 RCA 指数，是指某国（地区）某部门的出口总值在该国（地区）总出口中的占比，与全球该部门出口总值占全球总出口中的占比的比值，测算结果与 1 进行比较。当 RCA 指数大于 1 时，被看作该国（地区）该部门的贸易出口有显性比较优势，在全球有竞争力；当 RCA 指数小于 1 时，被看作该国（地区）该部门的贸易出口有显性比较劣势，在全球没有竞争力。

然而，该指数以部门传统总出口为基础，不但包括了本国的增加值，还包括了由于中间产品进口所带来的国外增加值、多次跨境重复计算的增加值，忽略了国内和国际的生产分工，并不能准确反映一国（地区）一部门的国际竞争力。对此，部分学者认为传统的 RCA 指数忽略了一国一部门的增加值有可能隐含在其他部门的出口中，也就是其他部门的间接出口中这一事实。例如，皮革有可能在纺织服装制成品中出口，也有可能在汽车装饰部件中出口。其次，RCA 指数忽略了前文提到的国外增加值，即 FVA 部分。如果要得到精确的一部门显性比较优势指数，就必须做出修正，即通过价值链的前向关联分解，剔除国外增加值，并加入包含在其他部门出口中的本部门增加值，从而得到新 RCA 指数，新指数的特点是避免了传统指数中不加区分地使用部门总出口进行计算的疏漏，并充分体现了由某部门生产要素实际创造出的全部价值，即：

$$vax\_f_i^s + rdv\_f_i^s \qquad (2-2)$$

其中，vdv_f_i 表示本国 i 部门创造的增加值以最终产品和中间产品的形式出口且被外国吸收的部分；rdv_f_i 表示本国 i 部门创造的增加值以中间产品的形式出口，但最终返回国内的部分。基于此，得到基于增加值的显性比较优势指数（新 RCA 指数）：

$$NRCA_i^r = \frac{vax\_f_i^s + rdv\_f_i^s}{\sum_i vax\_f_i^s + rdv\_f_i^s} \bigg/ \frac{vax\_f_i^s + rdv\_f_i^s}{\sum_i vax\_f_i^s + rdv\_f_i^s} \qquad (2-3)$$

这里仍然采用 2016 年版 WIOD 世界投入产出表进行实证检验。

（二）实证结果分析

从整体上看，2014 年我国有 17 个部门的显性竞争指数大于 1，仅有 5 个部门的显性竞争指数小于 1。这 5 个部门分别是：炼焦及石油加工业、基础制药业及药物制剂业、焊接金属制品业（机械与设备除外）、

表 2-8　中国制造业各部门修正显性指数变化（2000—2014 年）

部门	2000	2001	2002	2003	2004	2005	2006	2007	2008	2009	2010	2011	2012	2013	2014
5	1.15	1.05	0.98	1.01	1.04	1.11	1.13	1.11	1.11	1.04	1.09	1.11	1.16	1.11	1.07
6	3.46	3.24	2.98	3.13	3.16	3.32	3.32	3.30	3.23	3.20	3.14	3.10	3.03	2.92	2.76
7	1.42	1.48	1.44	1.48	1.67	1.66	1.87	1.92	1.92	2.16	1.81	1.98	2.14	2.13	2.02
8	0.86	0.95	1.02	1.01	1.00	0.94	0.97	0.96	1.00	1.03	0.97	1.04	1.09	1.03	1.01
9	1.43	1.54	1.62	1.44	1.27	1.06	1.04	0.96	0.99	1.12	1.12	1.18	1.31	1.32	1.28
10	1.19	1.14	1.16	1.04	1.08	1.00	1.00	1.12	1.03	1.23	1.34	1.05	0.97	0.99	0.98
11	1.18	1.18	1.15	1.23	1.20	1.30	1.31	1.33	1.43	1.23	1.20	1.29	1.21	1.17	1.15
12	0.33	0.29	0.27	0.31	0.30	0.30	0.31	0.33	0.35	0.30	0.32	0.31	0.33	0.34	0.32
13	1.56	1.64	1.67	1.60	1.58	1.49	1.50	1.42	1.43	1.37	1.33	1.36	1.37	1.36	1.30
14	1.80	1.55	1.38	1.35	1.38	1.47	1.52	1.49	1.58	1.71	1.69	1.84	1.94	2.01	1.87
15	1.37	1.51	1.60	1.85	1.90	1.84	1.80	1.76	1.96	1.79	1.71	1.70	1.59	1.51	1.51
16	0.72	0.73	0.74	0.75	0.82	0.83	0.88	0.92	0.91	0.95	0.88	0.88	0.96	0.94	0.91
17	1.06	1.24	1.35	1.60	1.78	1.78	1.82	1.80	1.79	1.76	1.91	1.88	1.90	1.89	1.84
18	1.39	1.46	1.50	1.47	1.50	1.60	1.53	1.54	1.69	1.56	1.75	1.80	1.86	1.82	1.80
19	0.83	0.87	0.94	1.00	1.05	1.00	1.08	1.24	1.29	1.32	1.27	1.28	1.17	1.19	1.15
20	0.25	0.26	0.28	0.29	0.29	0.30	0.32	0.40	0.44	0.52	0.57	0.57	0.53	0.56	0.55
21	0.39	0.40	0.44	0.56	0.56	0.55	0.59	0.66	0.74	0.75	0.90	0.89	0.81	0.75	0.69
22	2.27	2.07	1.93	1.91	1.56	1.99	2.13	2.07	1.79	1.68	1.27	1.33	1.60	1.54	1.49

数据来源：根据 WIOD 和 UIBE-GVC Index 测算得到。

汽车、拖车及半拖车制造业和其他交通运输设备制造业。在具有竞争优势的部门中，纺织、服装及皮革制品制造业和木头及木制品加工业有明显的优势（RCA 指数分别为 2.76 和 2.02），显著高于世界平均水平；金属矿物制品业、电脑电子产品制造业、电子设备制造业的 RCA 指数虽未达到 2.0，但均高于 1.5。而造纸及纸制品业、食品、饮料制造及烟草业、化学原料及化学制品制造业、机械及设备制造业部门的竞争力智能视为略高于平均水平（4 个部门的 RCA 指数分别为 1.01、1.07、1.15、1.15），在国际分工中没有明显竞争力。各部门中 RCA 指数最高的纺织、服装制造业是"人口红利"带来的劳动力成本优势在全球价值链中最直接体现的部门，也从另一个角度验证了"中国无疑是最近 15 年来在全球纺织服装制造业中最成功的出口国"。

从 2000 年到 2014 年的变化趋势来看，制造业各部门的竞争力变化各异。根据测算结果，对比 2000 年和 2014 年的变化，在 2014 年我国具有比较优势的部门有 17 个，比 2000 年增加了 1 个。C8（造纸及纸制品业）和 C19（机械及设备制造业）由比较劣势的部门转为比较优势的部门，C10（炼焦及石油加工业）由比较优势的部门转为比较劣势的部门，而 C12（基础制药业及药物制剂业）、C16（焊接金属制品业、机械与设备除外）、C20（汽车、拖车及半拖车制造业）及 C21（其他交通运输设备制造业）4 个部门依旧处于比较劣势，尤其是基础制药业及药物制剂业的指数呈现微弱下降（从 0.33 降至 0.32）。从增加值占总出口增加值的比例来看，竞争优势增加的制造业部门比重最大（43.79%）。

表 2-9　　中国制造业各部门竞争力变化（2000—2014 年）

	部门	DVA 占总出口 DVA 比例
竞争优势增加	C7,C14,C15,C17,C18	43.79%
竞争优势减弱	C5,C6,C9,C11,C13,C22	33.05%

续表

	部门	DVA 占总出口 DVA 比例
竞争劣势增加	C12	1.14%
竞争劣势减弱	C16,C20,C21	3.08%
从竞争劣势转变为竞争优势	C8,C19	2.47%
从竞争优势转变为竞争劣势	C10	4.23%

资料来源：根据测算结果整理得到。

将中国、日本、德国和美国的制造业细分部门进行横向比较。在纺织、服装制造业部门和木头及木制品加工部门，中国具有较强的竞争优势。在食品、饮料制造业及烟草业部门中，中国竞争优势虽然较世界平均水平不甚明显，但远远高于其他三个发达国家，尤其是日本。除纺织服装制造业和木头木制品制造业外，我国在家具制造业和非金属矿物制品业部门同样拥有较强的竞争优势，而机械设备制造业和其他交通运输设备制造业部门，我国较其他三个发达经济体有较大差距。总体来说，在制造业领域，德国的造纸及纸制品业、日本的印刷业及复制业、日本的炼焦石油加工业、美国的化学原料制品业、德国的基础制造业及药物制剂业、德国的橡胶及塑料制品业、日本的基础金属制品业、德国的焊接金属制品业、日本的电脑电子产品及光学产品制造业、德国的电子设备制造业、德国的机械及设备制造业、日本的汽车拖车制造业、美国的其他交通运输设备制造业均较其他国家在全球价值链中处于竞争优势地位。综合来看，美国、德国在造纸业、化学原料液、基础制造业拥有整体优势；日本和德国在汽车制造业、电脑电子产品及光学产品制造业拥有整体优势，与之相对应的是我国在这几个资本和技术相对集中的制造业部门均没有明显的竞争优势。

表 2-10　制造业显性比较优势指数国际比较（2000—2014 年）

部门	2000 CHN	JPN	DEU	USA	2005 CHN	JPN	DEU	USA	2010 CHN	JPN	DEU	USA	2014 CHN	JPN	DEU	USA
5	1.15	0.34	0.78	0.70	1.11	0.34	0.76	0.61	1.09	0.40	0.87	0.71	1.07	0.39	0.84	0.72
6	3.46	0.27	0.50	0.38	3.32	0.27	0.49	0.32	3.14	0.27	0.45	0.25	2.76	0.33	0.38	0.16
7	1.42	0.25	0.83	0.66	1.66	0.22	0.82	0.59	1.81	0.22	0.82	0.50	2.02	0.22	0.65	0.52
8	0.86	0.74	1.05	1.24	0.94	0.86	1.22	1.17	0.97	0.97	1.24	1.24	1.01	1.22	1.32	1.17
9	1.43	1.50	1.14	0.84	1.06	1.81	1.11	0.94	1.12	2.24	1.21	0.98	1.28	2.39	1.19	1.00
10	1.19	1.18	0.41	0.75	1.00	1.13	0.34	1.20	1.34	1.25	0.35	1.12	0.98	1.63	0.32	1.51
11	1.18	1.05	1.45	1.10	1.30	1.00	1.32	1.18	1.20	1.04	1.41	1.43	1.15	0.84	1.35	1.43
12	0.33	0.23	1.01	1.35	0.30	0.19	1.38	1.26	0.32	0.24	1.51	1.51	0.32	0.31	1.64	1.38
13	1.56	1.48	1.40	0.91	1.49	1.72	1.47	0.77	1.33	2.03	1.61	0.73	1.30	2.04	1.61	0.76
14	1.80	1.14	1.13	0.71	1.47	1.31	1.06	0.62	1.69	1.63	1.13	0.54	1.87	1.58	1.08	0.60
15	1.37	1.81	1.01	0.59	1.84	2.05	0.90	0.55	1.71	1.69	0.77	0.50	1.51	2.35	0.84	0.51
16	0.72	1.41	1.60	1.24	0.83	1.50	1.67	1.08	0.88	1.62	1.77	1.05	0.91	1.63	1.83	1.10
17	1.06	1.84	0.82	1.55	1.78	1.84	0.84	1.39	1.91	1.78	0.73	1.33	1.84	2.05	0.72	1.16
18	1.39	2.34	1.92	0.65	1.60	2.30	1.94	0.62	1.75	1.74	2.23	0.61	1.80	1.80	2.20	0.61
19	0.83	1.48	2.14	1.12	1.00	1.43	2.20	1.06	1.27	1.38	2.33	0.98	1.15	1.56	2.45	0.88
20	0.25	2.39	2.17	0.87	0.30	3.01	2.39	0.79	0.57	3.28	2.84	0.60	0.55	3.47	3.14	0.66
21	0.39	0.75	1.08	2.23	0.55	1.03	1.21	2.51	0.90	1.45	1.14	2.25	0.69	1.50	1.07	2.36
22	2.27	0.49	0.91	0.83	1.99	0.46	0.91	0.85	1.27	0.46	1.15	0.97	1.49	0.47	1.20	0.81

数据来源：根据WIOD和UIBE-GVC index测算得到。

四　基于前向和后向联系的参与程度测度

（一）理论模型

本部分使用全球价值链参与度指数进一步对中国制造业及细分部门进行实证研究。

传统的全球价值链参与度指数为:

$$GVC\_Participation_{ir} = \frac{IV_{ir}}{E_{ir}} + \frac{FV_{ir}}{E_{ir}} \qquad (2-4)$$

其中,E_{ir} 为增加值计算的总出口;IV_{ir} 为 r 国 i 部门的间接增加值出口,代表进口国吸收 i 部门的中间产品后再次加工出口给第三国的国内增加值;FV_{ir} 为 r 国 i 部门的出口中包含的国外增加值。

该指标的经济含义为:IV_{ir} 项测度前向参与度,即一国某部门的国内增加值总出口中有多少作为中间产品被出口到第三国;FV_{ir} 项测度后向参与度,即一国某部门的生产活动有多少依赖于外国的中间产品使用。两项之和 $GVC\text{-}Participation_{ir}$ 越高,则认为该国该部门参与全球价值链的程度越高。

传统的全球价值链参与度指标存在一定的局限性。首先,以总值出口作为分母不一定准确,当一些部门的直接出口很低时,可能导致垂直专业化值很大,容易高估该部门的全球价值链参与程度。其次,全球价值链的重要特点是跨国生产分享活动。垂直专业化只考虑了出口的相关活动,而无法考量通过国际生产分割以满足国内最终需求的生产活动增值部分。此外,原指标没有区分浅度和深度的全球价值链参与程度(不能有效地考察跨境次数的多少)。因此,本书基于 Wang 等(2017)在 "Characterizing Global Value Chains" 中定义的基于前向联系和后向联系的参与程度指数对中国制造业进行实证分析。

利用总产出生产函数和行业平衡条件,可以得到:

$$X^s = A^{ss}X^s + \sum_{r \neq s}^{M} A^{sr}X^r + Y^{ss} = A^{ss}X^s + Y^{ss} + E^{s*} \qquad (2-5)$$

其中,A^{ss} 为 s 国内对 s 国的消耗系数矩阵;A^{sr} 为 r 国对 s 国的消耗系数矩阵;E^{s*} 为 s 国家的总出口列向量。

进一步,可以把国家行业部门的增加值 GDP 分解为 5 个部分:

$$(Va^s)' = \hat{V}^s L^{ss} Y^{ss} + \hat{V}^s L^{ss} E^{s*} = \hat{V}^s L^{ss} Y^{ss} + \hat{V}^s L^{ss} \sum_{t \neq s}^{M} Y^{sr} + \hat{V}^s L^{ss} \sum_{t \neq s} A^{sr} \sum_{u}^{M} \left(B^{ru} \sum_{t}^{M} Y^{ut} \right)$$

$$= \hat{V}^s L^{ss} Y^{ss} + \hat{V}^s L^{ss} \sum_{r \neq s}^{M} Y^{sr} + \hat{V}^s L^{ss} \sum_{r \neq s}^{M} A^{sr} L^{rr} Y^{rr} + \hat{V}^s L^{ss} \sum_{r \neq s} A^{sr} \sum_{u}^{M} (B^{ru} Y^{us})$$

$$+ \left[\hat{V}^s L^{ss} \sum_{r \neq s} A^{sr} \sum_{u}^{M} \left(B^{ru} \sum_{t \neq s}^{M} Y^{ut} \right) - \hat{V}^s L^{ss} \sum_{r \neq s}^{M} A^{sr} L^{rr} Y^{rr} \right] \qquad (2\text{-}6)$$

其中，$\hat{V}^s L^{ss} Y^{ss}$ 为第一项 V_D，$\hat{V}^s L^{ss} \sum_{r \neq s}^{M} Y^{sr}$ 为第二项 V_RT，$\hat{V}^s L^{ss} \sum_{r \neq s}^{M}$ $A^{sr} L^{rr} Y^{rr}$ 为第三项 V_GVC_R，$\hat{V}^s L^{ss} \sum_{r \neq s}^{M} A^{sr} \sum_{u}^{M} (B^{ru} Y^{us})$ 为第四项 V_GVC_D，$\left[\hat{V}^s L^{ss} \sum_{r \neq s} A^{sr} \sum_{u}^{M} \left(B^{ru} \sum_{t \neq s}^{M} Y^{ut} \right) - \hat{V}^s L^{ss} \sum_{r \neq s}^{M} A^{sr} L^{rr} Y^{rr} \right]$ 为第五项 V_GVC_F。

各项的经济含义如下。

（1）V_D 代表满足国内最终需求，在国内（迂回）生产的国内增加值，该部分与国际贸易无关，不参加全球价值链分工，没有跨越国界，即跨越国界 0 次。虽然就生产过程来看，不论是生产满足国外需求的产品还是生产满足国内需求的产品都一样，但由于这部分增加值只用来满足国内最终需求，属于国内价值链部分。

（2）V_RT 代表包含在最终需求出口中的国内增加值。这部分是为了出口到国外满足国外最终需求的国内增加值，没有生产的跨国境迂回过程，与 Richard 的贸易模型假设一致，用法国啤酒换英国服装，增加值出口仅为消费。

（3）后三项都属于 V_GVC，都参加了全球价值链的迂回生产过程。第三项 V_GVC_R 只跨境了一次，隐含在中间产品出口中，进口国进口中间产品生产满足本国需求的最终产品，没有参与第三国的进出口；第四项 V_GVC_D 为返回且被出口国吸收的国内增加值，隐含在中间产品出口的增加值又被进口用来生产中间产品或者最终产品，再返回到出口国并被最终需求吸收。这部分有两个特点：①与国际贸易相关，参加了全球价值链，国内外发生了生产的分割；②满足国内最终需求；第五项 V_GVC_F 是间接被进口国吸收或者重新出口到第三国的增加值，也就是说，中间产品出口中隐含的国内增加值被进口国用来生产出口的最终需求或第三国的中间产品，第三国再利用 r 国家的进口中间产品生产最终产品再出口到进口国被吸收，或者被第三国最终需求吸收，该部分的生产跨越了国界 2 次。

V_RT 与 V_GVC 的总和是总出口分解公式的国内增加值部分（DVA）。从本质上来说，该公式还是对于部门增加值的分解。而全球价值链参与程度的衡量，都是基于部门增加值的分解，再计算跨境的增加值占总增加值的占比。

类似地，可以从国家部门层面的最终产品生产角度进行分解，分解方法相似。

基于此，得到基于前向联系的 GVC 参与度：

$$GVCPt\_f^s = \frac{V\_GVC^s}{\hat{V}^s X^s} = \frac{V\_GVC\_R^s}{\hat{V}^s X^s} + \frac{V\_GVC\_D^s}{\hat{V}^s X^s}$$
$$+ \frac{V\_GVC\_F^s}{\hat{V}^s X^s} \quad (2\text{-}7)$$

基于后向联系的 GVC 参与度：

$$GVCPt\_b^s = \frac{V\_GVC^s}{Y^s} = \frac{V\_GVC\_R^s}{Y^s} + \frac{V\_GVC\_D^s}{Y^s}$$
$$+ \frac{V\_GVC\_F^s}{Y^s} \quad (2\text{-}8)$$

下图展示了前向联系 GVC 参与度与后向联系 GVC 参与度的经济含义。依赖前向联系的部门增加值向下分解见图 2-4 左部；依赖后向联系的最终产品向上分解见图 2-4 右部。

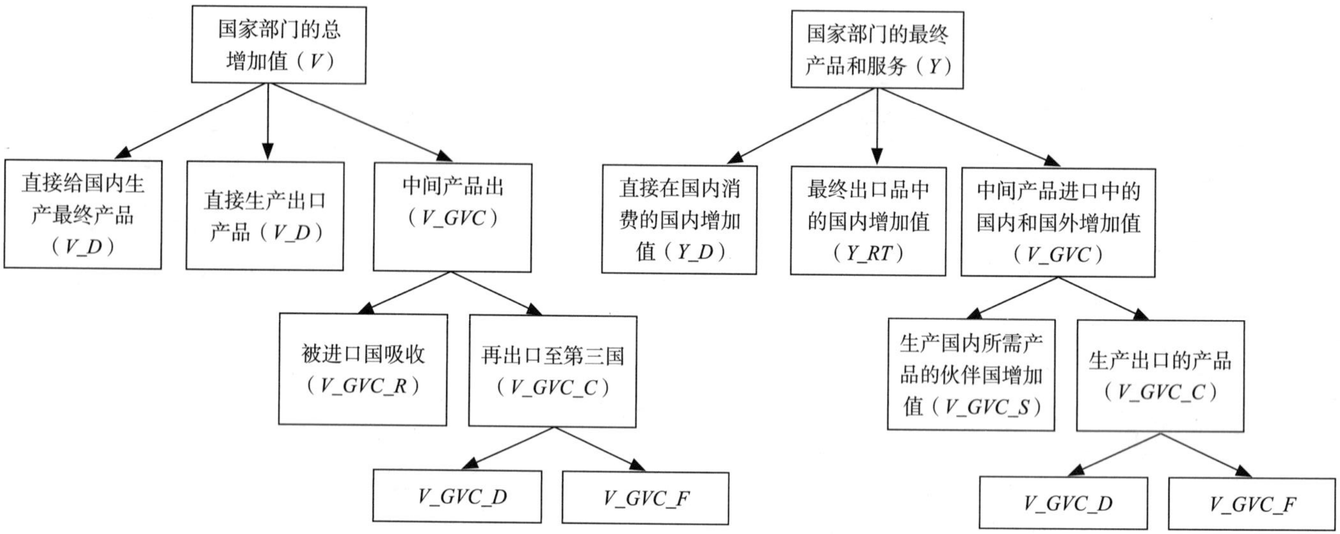

前向联系：生产者视角　　　　后向联系：使用者视角

图2-4　GDP进而最终产品生产的国家部门分解

资料来源：基于Wang等（2017）。

前向联系的分解是从生产者角度审视一国家一部门在全球价值链中的参与。它将 GDP 分解为：①在一国一部门，被国内生产要素创造的，且在全球价值链中参加过至少跨境 1 次生产的价值；②在一国一部门，被国内生产要素创造的，且自始至终在本国内完成所有生产环境创造的价值。它分解的是价值，而不是产品。关注的核心问题是哪种类型的 GDP 生产活动是全球价值链的生产活动。

相反，后向联系的分解是从使用者角度审视一国家一部门在全球价值链中的参与。它追踪所有生产最终产品过程中嵌入的主要投入要素的原产国/部门，并相应地根据生产是否跨越国界来分类嵌入的国内或国外要素是否为全球价值链生产活动。总的来说，这一对 GVC 参与度指标基于生产要素是否在生产过程中跨越国境角度，对于一国家一部门的全球价值链参与度做出评定。前向联系测量全球价值链生产和贸易活动增加的价值在总的部门增加值中的比例，后向联系测量的是运用跨境生产的国内和国际要素生产的最终产品所占比例。两者之比测度一国家一部门在全球生产网络中的相对位置。

（二）实证结果分析

本节运用 2016 年版世界投入产出表对中国制造业细分部门的全球价值链参与度进行了测度。2014 年，中国制造业部门前向参与程度由高至低的是电脑电子产品及光学产品制造业（0.27），橡胶及塑料制品业（0.21），化学原料及化学制品制造业（0.21），电子设备制造业（0.18），焊接金属制品业（0.18），造纸及纸制品业（0.18），基础金属制品业（0.16），家具制造业（0.16），炼焦及石油加工业（0.16），印刷业及记录媒介的复制业（0.14），木头及木制品加工业（0.13），机械设备制造业（0.13），纺织服装及皮革制造业（0.12），非金属矿物制品业（0.09），汽车、拖车及半拖车制造业（0.08），其他交通运输设备制造业（0.07），基础制药业及药物制剂业（0.06），食品、饮料制造及烟草业（0.05）。而后向参与程度由高至低是电脑电子产品及光学产品制造业（0.28），炼焦及石油加工业（0.24），基础金属制品业（0.21），电子设备制造业（0.19），化学原料及化学制品制造业（0.18），其他交通运输设备制造业（0.17），机械及设备制造业（0.17），焊接金属制品业，机械与设备除外（0.17），橡胶及塑料制品业（0.17），造纸及纸制品业（0.16），汽车、拖车及半拖车制造业（0.15），非金属矿物制品业（0.15），木头及木制品加工业（0.13），印刷业及记录媒介的复制业（0.13），家具制造业及其他制造业（0.11），纺织、服装及皮革制品制造业（0.1），基础制药业及药物制剂业食品（0.09），饮料制造及烟草业（0.07）。有趣的是，部门17（电脑、电子产品及光学产品制造业）在前向参与程度和后向参与程度上都最高，参与全球生产分工的程度最深；而部门5（食品、饮料制造及烟草业）在前向参与度和后向参与度上都最低，参与全球生产分工的程度最低。

从演变看，在2000—2014年，我国制造业22个部门中有19个部门在全球价值链参与度前向与后向之比呈现上升趋势，只有3个部门（炼焦及石油加工业、基础金属制品业和其他交通运输设备制造业）的参与度之比呈现下降。说明从整体来说，我国制造业部门在国际生产网络中从相对下游的位置向相对上游的位置攀升。但也要具体分析不同的情况。比如纺织、服装制造业部门是从全球价值链下游位置（0.66）显著上升到相对上游生产位置（1.21），类似的还有家具制造业和其他制造业（从0.62上升到1.43），两部门的上升率都超过了100%（分别为119%和129%）。基础制造业及药物制剂业、机械设备制造业也较大幅度地实现了生产位置的攀升（分别为73%和61%）。而食品、饮料制造业及烟草业，非金属矿物制品业，金属矿物制品业，电脑电子设备产品制造业，机械设备制造业和汽车、拖车及半拖车制造业在各自部门的全球生产网络中即便出现了向上游的移动，也仍然都处于全球价值链中游以下的生产位置。

通过进一步对深度和浅度参与程度的分析，容易发现纺织服装皮革制造业、造纸及纸制品业、基础制药业及药物制剂业、橡胶及塑料制品业、非金属矿物制品业、电脑电子产品及光学产品制造业、机械设备制造业和家具制造业及其他制造业等部门生产位置的变动主要是由于浅度跨国生产分割活动大幅度上升引起；而食品饮料烟草业、木头及木制品加工业的上移是由于两次及以上的跨国生产活动（深度参与）引起的。此外，应该注意到 2000—2014 年，我国制造业各部门的价值链参与度（前向联系/后向联系）绝大部分落在 0.5—1.2，也侧面印证了我国制造业整体处于"微笑曲线"中段的结论。

表 2-11　　中国制造业全球价值链参与度情况（2000—2014 年）

	2000			2005			2010			2014		
	GVC参与度	浅度	深度	GVC参与度	浅度	深度	GVC参与度	浅度	深度	GVC参与度	浅度	深度
5	0.45	0.46	0.40	0.49	0.49	0.49	0.53	0.48	0.67	0.64	0.57	0.84
6	0.55	0.86	0.38	0.73	2.00	0.40	0.91	1.96	0.49	1.21	2.29	0.70
7	0.74	0.95	0.48	0.97	1.54	0.53	0.89	1.15	0.59	1.00	1.19	0.73
8	0.96	0.93	1.03	0.87	0.86	0.89	0.93	1.26	0.62	1.15	2.11	0.61
9	1.01	0.99	1.07	0.85	0.82	0.92	0.92	0.96	0.86	1.04	1.08	0.98
10	1.09	-1.56	0.26	0.81	0.97	0.64	0.62	0.56	0.77	0.66	0.59	0.81
11	0.94	0.92	0.96	1.01	1.18	0.83	1.00	1.09	0.88	1.12	1.22	1.00
12	0.36	0.41	0.27	0.54	0.79	0.27	0.75	1.04	0.40	0.63	0.80	0.37
13	1.01	1.67	0.62	1.06	2.59	0.56	1.03	2.78	0.51	1.27	4.38	0.58
14	0.59	0.65	0.50	0.61	1.09	0.29	0.51	1.16	0.20	0.63	1.38	0.25
15	1.05	0.94	1.29	0.98	1.05	0.89	0.72	0.81	0.61	0.78	1.00	0.57
16	0.92	1.13	0.66	1.31	2.15	0.73	1.05	1.45	0.68	1.09	1.48	0.72
17	0.62	0.97	0.48	0.66	4.65	0.42	0.83	5.52	0.50	0.97	3.62	0.58
18	0.80	1.20	0.53	0.82	1.44	0.49	0.79	1.17	0.52	0.97	1.44	0.63
19	0.48	0.48	0.49	0.56	0.64	0.46	0.65	0.77	0.52	0.78	0.89	0.65
20	0.48	0.44	0.56	0.52	0.48	0.60	0.48	0.45	0.56	0.55	0.52	0.61

续表

	2000 GVC 参与度	2000 浅度	2000 深度	2005 GVC 参与度	2005 浅度	2005 深度	2010 GVC 参与度	2010 浅度	2010 深度	2014 GVC 参与度	2014 浅度	2014 深度
21	0.48	0.53	0.41	0.55	0.69	0.40	0.31	0.41	0.22	0.41	0.47	0.34
22	0.62	1.24	0.29	0.85	4.35	0.29	0.99	3.51	0.41	1.43	5.86	0.57

备注：展示结果为 $GVC\_Pt\_f^s / GVC\_Pt\_b^s$。

数据来源：根据2016年版WIOD和UIBE-GVC Index测算得到。

在国家部门层次，德国的造纸及纸制品业、化学原料及化学制品制造业、基础制药业及药物制剂业焊接金属制品业、电子设备制造业，在部门全球价值链上较其他国家显著处于更上游的位置；中国的炼焦及石油加工业、家具制造业及其他制造业较其他国家处于更上游的为生产位置；美国在电脑、电子产品及光学产品制造业和其他交通运输设备制造业的前向联系的参与程度高于其他国家；日本在纺织服装皮革制品业，印刷业及记录媒介复制业，汽车、拖车及半拖车制造业各部门的前向联系参与程度更高。这与德国制造业整体先进、美国和日本在电子产品和汽车工业上较先进的现实特征一致。从整体来看，选取四国各部门中较少参与全球生产分工的有食品、饮料制造及烟草业和炼焦及石油加工业，在这两个部门中，中国较其他三国都表现出更上游的生产位置，而在资本和技术密集型行业，如汽车制造业、电子产品制造业中，中国较其他三国均没有明显的前向联系和后向联系参与度。

五 小结

本节利用2000—2014年的世界投入产出连续时间序列数据，按照出口产品的吸收渠道和最终吸收地对我国制造业进行了全球价值链的分解分析，并在部门层面进行了垂直专业化及结构的剖析、基于增加值的显性比较优势和基于前向和后向联系的参与程度实证研究，测算结果表明以下几点。

（1）我国制造业总出口和中间产品出口在2000—2014年显著增长，中间产品的出口越来越成为制造业出口的主流，而最终产品出口的增加值占总出口的比重呈现下降趋势，但与美国、日本、德国的数据横向比较，我国制造业中间产品出口的比例仍然较低，出口增加值更多来源于最终产品，意味着相较于发达国家，我国更多地进行加工装配的经济活动。

（2）从我国制造业的国内增加值来看，2000—2014年其占总出口的比重呈现先下降再上升的趋势，其中最终产品贡献最大，中间产品的增加值较小，但中间产品（DVA_INT和DVA_INTREX之和）占总出口的比重逐渐上升，可能表明我国制造业在全球价值链中虽仍处于相对下游的位置，但正向上游攀升；从国外增加值来看，2000—2014年我国制造业出口中所蕴含的国外增加值越来越多，意味着我国制造业参与国际分工的程度变高，其所占总出口的比重先上升后下降，可能与2009年后逆全球化浪潮相关。通过与美国制造业增加值分解结果比较，可以发现两国出口结构差异较大，美国主要依靠中间产品的出口，且出口更多依靠自身的增加值。因此，通过贸易分解得到的结论与结论（1）基本一致。

（3）从垂直专业化、显性比较优势测度和全球价值链参与程度三个指标来看，中国在纺织、服装及皮革制品制造业和木头及木制品加工业有明显的竞争优势（RCA指数分别为2.76和2.02），且纺织、服装制造业部门从2000年的全球价值链下游生产位置（0.66）显著上升到2014年的相对上游的生产位置（1.21），但该部门的竞争优势有下降趋势，这或与中国劳动力低成本优势的逐渐丧失有关。中国在电脑、电子产品及光学产品制造业、炼焦及石油加工业化学原料及化学制品制造业、电子设备制造业部门的垂直专业化程度高，使用上游国家的原材料的比例较大，意味着这些部门相对处于更加下游的位置，从垂直专业化指标测算的这一结果与全球价值链参与程度指标测算结果一致。中国制造业中后向参与程度较高的有电脑、电子产品及光学产品制造业（0.28），炼焦及石油加工业（0.24），基础金属制品业（0.21），电子设备制造业（0.19）。中国在食品、饮料制造业及烟草业部门的比较优势远远高于其他三个发达国家，该部门基于前向和基于后向联系的 GVC 参与程度指标在制造业细分部门中排名最后，但却高于其他三个发达国家，说明该部门的嵌入全球生产分工的程度较低。从整体来说，2000—2014 年，制造业部门中有 85% 在全球价值链参与度前向与后向之比呈现上升趋势，说明中国制造业部门在国际生产网络中从相对下游的位置向相对上游的位置攀升。从国际比较来看，与德国、美国和日本三个发达经济体相比，我国制造业部门的 GVC 参与度主要集中在 1 上下，意味着即使绝大部分的制造业部门在生产网络中向上攀升，整体来说，依然处于"微笑曲线"的中段。

总的来看，2000 年以来，我国制造业有效地参与了全球价值链，参与程度不断加深并从中受益，国内增加值的稳步增长和出口增加值越来越多地依赖中间产品表明制造业在全球价值链上的位置有所提升，说明产业升级已经取得一定的成绩。但与发达国家相比，必须看到制造业整体，不论是劳动密集型部门还是资本密集型部门大都仍然处于"微笑曲线"的中段，也一定程度上印证了目前全球价值链依然是由发达国家、国际跨国公司所主导的生产体系。

基于全球价值链的贸易分解和相关指标测度清晰地描绘了中国制造业及细分行业出口贸易的现状，即在原材料转变为最终产品过程中的国际位置和角色，但局限性在于仅仅通过投入产出的分析无法回答产业内部行为体的动态，基于投入产出的分析，"完全没有交易性质的信息，对价值链做定性分析是相当困难的"（Global Value Chains

Development Report 2017），比如无法研究如何降低升级的门槛、具体的升级路径、产业间的互动、新的升级驱动力等问题。这就好比虽然解决事物"是什么"的问题，但无法回答"为什么"及"怎么样"的疑问。这就需要我们进一步运用全球价值链的治理、升级、制度背景等理论考察产业的整体图景，进而研究在要素成本尤其是劳动力成本大幅度上涨、环境承载能力下降、经济由高速发展期转至中高速发展期以及发达国家纷纷布局新一轮技术革命的时代背景下中国制造业战略升级，以培育先进的制造业，促进产业迈向全球价值链中高端并促进中国经济的转型升级。

第三节 数字化投入与制造业全球价值链参与

长久以来，技术进步为全球价值链的发展注入了活力，为欠发达国家和地区提供了进入全球价值链、实现经济发展的途径。不同国家在地理位置、劳动力水平、技术水平和企业类型上的差异都影响着各自在全球价值链上的市场力和获得利润的能力（Gereffi and Memedovic 2003）。技术水平在决定企业的外包行为决策方面发挥着重要作用。20 世纪 80 年代外包活动的增加正是由于当时通信技术的提高，领导型企业能够广泛使用计算机对外包企业的设计进行指导并监控产品质量（Feenstra 1998）。Ivarsson 和 Alvstam（2011）通过对瑞典宜家家居在中国及东南亚的 23 家供应商研究发现，这些供应商凭借宜家的技术支持显著提高了其运营和设计的水平，并提高了它们对全球竞争的适应性和产品创新能力，从而实现了在全球家具价值链中的升级。劳动力成本的大小是跨国公司决策是否进行离岸生产以及选择发包对象的首要因素，而技术水平则决定了外包企业是否具备承接跨国公司外包业务的能力，因而决定了外包企业能否参与全球价值链或实现全球价值链的升级。正如Sirkin等（2011）指出，尽管近年来中国的劳动力成本上升，导致了跨国公司将外包业务撤出中国，转移至东南亚的国家，比如纺织服装制造业，但一些技术含量较高的部门却无法在短时间内转出，因为这些东南亚国家虽然有相对廉价的劳动力，却没有足够的技术水平来承接。因此，技术进步影响全球价值链位置这一结论有其内在的逻辑关系。

那么技术进步具体包括哪些？第一次工业革命和第二次工业革命使人类实现了城市化，人们物质生活变得更加富有，而以数字化为核心的第三次工业革命正在兴起。这一轮工业革命带来了很多前所未有的技术：增材制造、新材料、工业机器人、电子商务等。相比前两次工业革命带来的大规模工业化生产，生产更小批次的、品种更丰富产品的成本正在下降，更多产品都可以在控制成本的前提下实现顾客的量身定制，因此数字经济时代的技术有助于大规模定制化的实现。过去二三十年以来，跨国公司通过将生产转向低劳动力成本的国家（比如中国）实现利润最大化；但现在，劳动力成本开始变得越来越不重要（Tilmann 2017）。苹果公司的第一代iPad售价499美元，劳动力成本仅占33美元，其中包括8美元的中国组装成本。离岸生产越来越多地回归发达国家，这并不完全是因为中国劳动力成本丧失，而是因为企业希望更贴近客户以便快速地响应需求变化，尤其是精密复杂的产品，更需要设计者和使用者趋于一地，而在数字经济时代，这种回归可以以较低的成本实现。仅中美双边贸易一项，在运输、电脑、金属制品和机械等领域，美国跨国公司外包给中国的进口商品中有10%—30%于2020年回归美国生产。

数字经济时代的新型信息技术深刻影响着现有的全球生产分工体系。全球贸易中增加值出口占总出口的比例从20世纪七八十年代的85%降至如今的70%—75%，尤其是20世纪90年代后，这一下降趋势更加明显。新兴市场的贸易自由化，主要地区的贸易双边/多边协定，新一轮信息技术革命或都可解释这一下降趋势，因为这些因素都降低了国际贸易的成本，越来越多的中间供应商来自国外而非本国，因此降低了贸易中的增加值部分。部分学者认为技术变革等因素推动了以"全球生产再组织"和"全球产业专业"为核心特征的"全球价值链重构"，谭人友（2016）基于40个经济体35个行业面板数据的实证检验，发现由技术驱动的全球价值链重构对国际竞争力的变化有积极促进作用，因此，中国需要通过把握技术变革的重要机遇来实现全球价值链地位的提升。

数字化也影响着部门和企业在全球价值链中的竞争力以及位置。以服装制造业全球价值链为例，Tokatli（2008）研究发现，相比老牌的服装制造业领导型企业——GAP和H&M，ZARA作为后来者，通过采用最新的信息技术较快获得了前者需要长期积累而得到的生产技术和研发能力。对于GAP和H&M而言，大量的资本投资只是问题的一个方面，如何将旧有的生产和经营方式与全新的信息技术体系融合是一个更严峻的挑战（Lo等2004）。在全球生产分工中，单位劳动力成本，正在代替劳动力成本，成为决定行业竞争格局的重要因素（Tokatli 2014）。而单位劳动力成本的降低正受益于信息化、数字化进程。

Humphrey（2004）定义了三种全球价值链升级的方式，即产品升级、功能升级和行业间升级。而任意一种升级的实现都离不开劳动力、资本和全要素生产率。其中，通过增加全要素生产率实现过程升级是指不能直接归因于劳动力和资本要素的升级，比如使用最新的信息技术提高生产效率。当然，并不是所有的研究都表明信息技术能完全提高企业或部门的全球价值链参与度，制度和政策环境对升级的成功与否也发挥着重要作用（Kummritz 2016），这与各部门的差异也有较大关系。可见，信息化、数字化投入对国家、部门或企业的全球价值链位置及其在全球生产分工中获取价值的能力的确会产生影响。

从数字经济的内涵出发,数字经济由两个部门组成,数字产业化为其核心部门,产业数字化为其延伸部门。后者主要就是对传统的制造业、服务业进行效率的提升和产出的增加,从而改变该行业在全球的竞争力及在全球价值链中的地位。目前,数字经济在国民经济各行业中的发展呈现出较大差异,数字经济占本行业增加值比重呈现出服务业最高、工业其次、农业最末的特征。据《G20国家数字经济研究报告》,在服务业方面,德国服务业数字经济占比最高,高达55.9%,英国服务业数字经济占比为53.6%,美国服务业数字经济占比为53.3%,中国排名第六,约为29%;在工业方面,G20国家工业数字经济占行业增加值比重由高到低依次为德国、韩国、美国、英国、日本、法国、墨西哥、中国、加拿大、巴西、意大利、俄罗斯、印度、南非、澳大利亚、印度尼西亚。其中,德国工业数字化发展全球领先,工业数字经济占行业增加值比重高达41.8%,韩国紧随其后,为41.3%,美国、英国、日本工业数字化水平也分别为35.9%、33.7%和29.6%,电子机器设备制造业、机械设备制造业、采矿业等行业数字化占比较高成为这些国家工业数字经济快速发展的重要原因,中国的工业数字经济占比约为18%。

因此,制造业成为数字经济时期转型升级的重点是由其在我国国民经济中的地位决定的,也是由互联网与制造业融合的必然趋势决定的。前工信部部长苗圩撰文[①]写道"国际金融危机后,全球制造业正处于重塑发展理念、调整失衡结构、重构竞争优势的关键节点上"。全球经济正处于下一个技术革命的边缘(U.S. Chamber of Commerce 2017)。数字经济时代的智能机器,现代通信、大数据和云计算的结合正在造成制造业生产的颠覆性变革。"智能制造""工业4.0""工业

---

① 苗圩:《把发展经济的着力点放在实体经济上》,《人民日报》2017年12月6日。

互联网"是即将到来的转型的不同标签。世界各国政府和行业都认识到,这种新技术模式将重塑全球竞争的动力和规则。然而,与发达国家先工业化、后信息化的发展路径不同,我国目前的工业化水平还远低于工业化国家,也就意味着在我国完成工业化的同时还面临信息化的历史使命,数字化的转型升级或者智能制造也许是同时推进两者的方案之一。

在此背景下,本节试图阐明信息化、数字化投入能否提高中国制造业的全球价值链参与程度以及这种效应的实现途径。本节利用世界投入产出表(WIOT)和社会经济账户(Socio Economic Accounts)数据构建了中国制造业部门(C15—C22)全球价值链参与数据集。数据时间段为2000—2014年,尽可能包含最新的各部门全球价值链参与信息。由于数字经济相关数据可得性受限,本节在考察数字化投入对中国制造业全球价值链参与度的影响时,从数字经济的概念出发,即"以使用数字化的知识和信息作为关键生产要素,以现代信息网络作为重要载体,以信息通信技术的有效使用作为效率提升和经济结构优化的重要推动力的一系列经济活动"。将各部门数字化投入这一概念定义为通信以及信息服务对各个制造业部门的投入。在研究设计中,通过在计量方程式中加入研发强度与数字化投入的交互项来展现数字经济对全球价值链地位的影响,进而考察投入的来源对各部门国际竞争力的影响。

一 影响机制分析

对制造业部门增加数字化投入可能通过以下几种渠道影响该部门全球价值链参与度、全球价值链地位和获取增加值的能力。

(1)数字化投入对于提高劳动力水平有积极作用,而更高的劳动力水平是提高竞争力和实现全球价值链升级的重要因素之一。比如,数字经济时代更快捷和更低成本的通信技术使技能培训变得相对容易，各类知识平台满足了人们碎片化学习的需求。在2018年网易云课堂最受欢迎的课程名单中，不乏如《零基础学PS教程》《跟王佩丰学Excel视频教程》《和秋叶一起学PPT》等办公软件实操类课程，也有如《深度学习工程师》《python开发21天入门必备》等人工智能类微专业课程。此外，数字经济时代，企业对于高技术水平劳动力，尤其是拥有专业数字技能的人才的需求增加，对于从事重复性工作的较低水平劳动力的需求降低，也迫使雇员更快地更新技能，提高本身的劳动力水平。世界银行调查显示，中国劳动力水平较低导致在劳动生产率方面中国比工业化国家甚至一些发展中国家低几倍。相比之下，美国、德国和日本等发达国家则大量使用基于现代信息技术和高度自动化机器的生产线和高水平的管理人才。

（2）数字化投入直接作用于全球价值链产品升级、功能性升级、流程升级。数字化投入有助于产品升级较好理解，比如智能手机代替传统手机、可穿戴设备的出现等。数字化投入促进功能性升级则需要从"微笑曲线"角度去理解，所谓功能性升级，就是指企业或行业的经济活动从"微笑曲线"中段的生产环节向上游的研发或者下游的营销等高附加值的经济活动转变。通过数字化实现功能性升级的一个典型案例是中国的酷特集团。创立初期，酷特从一个小作坊起步，时值中国改革开放，国家鼓励中小私营企业发展。在接下来的十年中，酷特建立了自己的生产车间，成为海外领导型企业的OEM厂商，在这一阶段累积的丰富经验促使企业扩展业务并进入了服装制造业全球价值链。第三阶段，酷特在获得丰富的代工生产经验的基础上，以3000多人的西装生产工厂为实验室，在大数据、互联网、物理网等技术支撑下，投入2.6亿元资金，专注于服装规模化定制生产全程解决方案的研究和试验，发展ICT技术，运用数据驱动智能生产，成为大规模个性化定制提供商，跻身服装制造业全球价值链的高附加值阶段，从价值链的下游向上游移动从而实现了功能性升级,此外还有链条间升级等。

(3)数字化投入创造新的生产要素从而带来新的价值增值。历史经验表明,每一次经济形态的重大变革,必然催生也必须依赖新的生产要素。如同农业经济时代以劳动力和土地,工业经济时代以资本和技术为新的生产要素一样,数字经济时代,数据成为新的关键生产要素(Walker 2014)。由网络所承载的数据、由数据所萃取的信息、由信息所升华的知识,成为企业决策的重要凭证,给传统的商品贸易、服务贸易增加了新内容,利用基于云计算的数据生产要素更容易实现规模经济和范围经济,从而带来了新的价值增值。更重要的是,相比其他有限的生产要素,数据资源具有的可复制、可共享、无限增长和供给的禀赋,打破了传统要素有限供给对增长的制约,为持续增长和永续发展提供了基础与可能,这对于原来的竞争格局、分工格局以及全球价值链参与者的竞争能力都将产生深远的影响。

二 计量模型设定和数据说明

为了研究信息化、数字化投入对制造业全球价值链位置变动的影响,本节借鉴以往的文献(Kummritz, Taglioni and Winkler 2017,李磊等 2017),并结合样本数据的信息含量和可得性,设定以下计量回归模型:

$$GVCP_{s,t} = \alpha + \beta Dig\_in_{s,t} + \chi C_{s,t} + \delta_s + \varepsilon_t + \varphi_{s,t} \qquad (2-9)$$

$$GVCP_{s,t} = \alpha + \beta_1 Dig\_in_{s,t} + \beta_2 Dig\_in_{s,t} \times num_{s,t} + \beta_3 Dig\_in_{s,t} \\ \times rd_{s,t} \chi C_{s,t} + \delta_s + \varepsilon_t + \varphi_{s,t} \qquad (2-10)$$

其中,s 表示行业,t 表示年份,因变量 $GVCP_{s,t}$ 表示中国制造业全球价值链参与度,自变量 $Dig\_in_{s,t}$ 表示中国制造业各部门的数字化投入，$C_{s,t}$表示控制变量，即影响中国制造业各部门参与全球价值链及全球价值链所在位置的其他因素。具体而言，包括部门的海外需求、部门的产出规模、部门的资本存量、部门的要素回报、部门的劳动生产率。$num_{s,t}$表示某部门拥有的企业数量，$rd_{s,t}$表示部门的研发强度。α为截距项，δ_s表示部门个体效应，ε_t表示时间效应，$\varphi_{s,t}$表示残差项。模型控制了行业固定效应和时间固定效应。

（1）被解释变量是制造业各部门全球价值链参与度（GVCP）。用基于前向联系的各部门 GVC 参与度指标（$GVCpt\_f_{s,t}$）来衡量，采用以下公式计算得到：

$$GVCPt\_f^s = \frac{V\_GVC^s}{\hat{V}^s X^s} = \frac{V\_GVC\_R^s}{\hat{V}^s X^s} + \frac{V\_GVC\_D^s}{\hat{V}^s X^s} + \frac{V\_GVC\_F^s}{\hat{V}^s X^s} \tag{2-11}$$

使用该指标的原因在于基于前向联系的参与度能够从部门总的增加值角度去审视该部门在全球价值链中的参与，即在一国一部门中，被国内生产要素创造的，且在全球价值链中参加过至少一次跨境活动的价值（包括被进口国吸收的中间产品出口和在出口至第三国的中间产品出口）。计算公式中 $V\_GVC_{s,t}$ 表示中间产品出口价值，$\hat{V}_{s,t} X_{s,t}$ 表示 t 时期部门 s 的总的增加值出口，$V\_GVC\_R_{s,t}$ 表示被进口国吸收的中间产品出口价值，$V\_GVC\_D_{s,t}$ 表示被出口至第三国直接生产本国使用产品的价值，$V\_GVC\_F_{s,t}$ 表示被出口至第三国生产外国使用产品的价值。该指标能够准确测度全球价值链生产和贸易活动增加的价值在总的部门增加值中的比例，即参与全球生产分工的程度。之所以不选择一般所使用的全球价值链参与度指数，原因在于该指标以出口总值作为分母不能准确反映一部门的增加值出口。比如如果一个部门的直接出口比较低，但可以通过进入其他部门的生产实现间接出口,就容易低估该部门的全球价值链参与程度。

在稳健性检验中,本节使用 $VSI_{s,t}$ 指标替换前向参与度指标($GVCpt\_f_{s,t}$)衡量制造业各部门全球价值链参与程度($GVCP_{s,t}$)。VSI 指标也是衡量参与全球价值链程度的常见指标,该指标由 Hummels 等(2001)首次提出,Koopman 等(2012)进一步完善并建立计算公式,该指标表示一国家或一部门的中间产品增加值出口中被用于他国生产最终产品的价值。计算公式如下:

$$VS1_s = V_s \sum_{r \neq s}^{G} B_{sr} E_{r*} = V_s \sum_{r \neq s}^{G} \sum_{t \neq s,r}^{G} B_{sr} Y_{sr} + V_s \sum_{r \neq s}^{G} \sum_{t \neq s,r}^{G} B_{sr} A_{rt} X_t \\ + V_s \sum_{r \neq s}^{G} B_{sr} Y_{rs} + V_s \sum_{r \neq s}^{G} B_{sr} A_{rs} X_s \quad (2-12)$$

其中,s 和 r 表示国家,G 表示国家数量,A 和 B 为($GN \times GN$)维矩阵,A_{sr} 为($N \times N$)维分块投入产出系数矩阵,B_{sr} 为($N \times N$)维分块里昂惕夫逆矩阵,V_s 为($1 \times N$)维分块附加值系数矩阵,Y_{sr} 为($N \times 1$)维矩阵,表示 r 国消费的 s 国的最终产品,X_s 为($N \times 1$)维 s 国总产出矩阵,E_{r*} 表示一国对世界的总出口。VS1 越高,说明该部门参与全球价值链的程度越深;反之,则参与全球价值链的程度越弱。从 $GVCpt\_f_{s,t}$ 和 VSI 的定义出发,两者都可以衡量一部门在全球生产分工中的地位和参与全球价值链的程度。但两者区别在于,$GVCpt\_f_{s,t}$ 是一部门 GDP 中参与全球生产分工的部分;VSI 是一部门 GDP 中被再次统计反映为出口的份额。也就是说,$GVCpt\_f_{s,t}$ 统计 GDP 的一部分,VSI 统计出口的一部分。所以相对而言,考察全球价值链参与对经济增长的促进作用,用 $GVCpt\_f_{s,t}$ 指标较好;考察全球价值链参与对贸易增长的促进作用,用 VS1 指标较好。

(2)解释变量是各部门的数字化投入(Dig_in)。OECD 的数字经济概念包含信息通信、电子商务和互联网技术设施建设。由于后两者尚无法获取制造业部门层面的数据,所以本书从狭义概念理解数字化投入，即使用的信息通信的量。从投入产出角度，用通信业以及信息服务业对各个制造业部门的增加值投入来衡量。计算公式为：$Dig\_in_{s,t}$ = $Tel\_in_{s,t}$ + $Infor\_in_{s,t}$。其中，$Tel\_in_{s,t}$ 表示 s 部门在 t 时间使用的国内通信业（Telecommunication）增加值，$Infor\_in_{s,t}$ 表示 s 部门在 t 时间使用的国内信息服务业（Information Service）的增加值。

在稳健性检验中，本节使用 $Dig\_in\_W_{s,t}$ 和 $Dig\_in\_P_{s,t}$ 代替 $Dig\_in_{s,t}$ 测度各部门的数字化投入。$Dig\_in\_W_{s,t}$ 表示 s 部门在 t 时间使用的全世界通信业（Telecommunication）和全世界信息服务业（Information Service）的增加值。$Dig\_in\_P_{s,t}$ 表示 t 时间国内通信业和国内信息服务业对 s 部门的投入占 s 部门总产出的比重，即数字化投入对该部门总产出的贡献率。本节的模型主要关注的就是该变量的系数，其符号为正，说明数字化投入加强了中国制造业各部门的全球价值链参与度，加强制造业的国际竞争优势；其符号为负，说明数字化投入减弱了中国制造业的全球价值链参与度，削弱了制造业的国际竞争优势。预期该系数为正。

（3）控制变量（C），包括部门的海外需求（Dem），部门的产出规模（Siz），部门的资本存量（Cap），部门的要素回报（KL），部门的劳动生产率（$Prod$）。部门的海外需求由增加值出口来测度，部门的规模由增加值产出来测度，部门的资本存量由名义资本存量来测度，部门的要素回报由该部门的资本回报与劳动力回报之比来测度，部门的劳动生产率由部门的增加值与受雇劳动力数量之比来测度。海外需求、产出规模、资本存量取对数以控制离群值及异方差的影响。预期 Dem 系数为正，海外需求越大，则嵌入全球生产分工体系的程度越深；预期 Siz 系数为正，总体生产规模越大，从前向关联的角度则下游更多使用我国制造业出口的产品，因此地位向上变化；预期 Cap 系数为正，部门的经营规模和技术水平越高，则国际竞争力越强，不过需要注意的是，这里的资本存量包括各部门参与再生产的资产存量和各部门处于闲置状态的资产存量包括闲置的厂房、机器设备等两部分；KL大于1表示资本回报超过劳动回报，反之则资本回报低于劳动回报，预期 KL 越大资本密集型部门全球价值链参与程度越深，KL 越小劳动密集型部门全球价值链参与程度越深；预期 $Prod$ 越高，则劳动密集型部门的国际竞争力越高，$Prod$ 越低，则劳动密集型部门的国际竞争力越低。

（4）部门内的企业数（num），用行业内的企业单位数表示，1998—2006 年统计口径为全部国有及规模以上非国有工业企业；2007—2011 年统计口径为规模以上工业企业。"成本发现"模型认为，在行业内越多的企业进行成本发现，则经济系统更有可能接近于生产前沿，因此更有利于技术的升级和竞争力的提升（Hausamann 2006），因此预期该系数为正。

（5）部门的研发强度（rd），由部门研发经费内部支出与部门主营业务收入之比测度。研发是技术进步，是实现升级的重要因素之一，尤其对大型企业和资本、技术密集型部门更是如此，因此预期研发强度的系数为正。

本模型使用的数据样本期为 2000—2014 年，所使用的核心数据来自对 WIOD2016 发布的世界投入产出数据库（World Input-Output Database）的测算。本模型使用中国 C5—C22 部门（全部制造业部门）的数据，用于考虑各部门之间的相互影响。控制变量的数据来自 WIOD 最新发布的社会经济账户，包括部门层面的资本存量、总出口、增加值、就业等数据。企业数据、部门研发经费内部支出、部门主营业务收入数据来自《中国工业统计年鉴》，缺失部分来自《中国科技统计年鉴》。由于我国发布的统计年鉴和 WIOD 的行业分类不同[①]，需要将国民经济的 29 个制造业相关部门汇总成为 NACE 对应的 18 个部

---

① 统计年鉴的行业数按照国民经济行业分类，WIOD 行业按照 NACE 分类。

门，归并的结果见表 2-12。基于以上数据库，$GVCP_{s,t}$、$VSI_{s,t}$、Dig_in、KL、$Prod$、num、rd 再由笔者测算整理所得。

表 2-12　　　　　国民经济制造业部门与 NACE 的对应

国民经济的制造业行业	NACE 分类	WIOD 对应的部门
农副食品加工业	食品、饮料制造及烟草业	C05
食品制造业		
酒、饮料和精制茶制造业		
烟草制品业		
纺织业	纺织、服装及皮革制品制造业	C06
纺织服装、服饰业		
皮革、毛皮、羽毛及其制品		
木材加工和木、竹、藤、	木头及木制品加工业，家具除外；竹、藤、草、码布制品业	C07
造纸及纸制品业	造纸及纸制品业	C08
印刷和记录媒介复制业	印刷业及记录媒介的复制业	C09
文教、工美、体育和娱乐		
石油加工、炼焦及核燃料	炼焦及石油加工业	C10
化学原料及化学制品制造业	化学原料及化学制品制造业	C11
化学纤维制造业		
医药制造业	基础制药业及药物制剂业	C12
橡胶和塑料制品业	橡胶及塑料制品业	C13
非金属矿物制品业	非金属矿物制品业	C14
黑色金属冶炼和压延加工业	焊接金属制品业	C16
有色金属冶炼和压延加工业		
金属制品业	基础金属制品业	C15
汽车制造业	汽车、拖车及半拖车制造业	C20
铁路、船舶、航空航天	其他交通运输设备制造业	C21
电气机械和器材制造业	机械及设备制造业	C19
通用设备制造业		
专用设备制造业	电子设备制造业	C18

续表

国民经济的制造业行业	NACE 分类	WIOD 对应的部门
计算机、通信和其他电子	电脑、电子产品及光学产品制造业	C17
仪器仪表制造业	其他制造业	C22
其他制造业		
家具制造业		

资料来源：笔者整理。

三 实证检验和结果分析

本部分的数据结果是包括行业和时间的二维面板数据，采用固定效应模型进行测算，检验中控制了行业个体效应、时间效应，以减少遗漏变量问题，因为固定效应模型无须做个体效应与其他解释变量不相关的假设；而在随机效应中这个假设是必需的，特别是模型设定中可能遗漏重要的变量时，随机效应会导致参数估计的非一致性（陈强 2010）。并采用常规的面板估计方法进行估计，控制异方差、序列相关和截面相关的影响。在对部门进行整体测算后，本章节借鉴了 Stehrer 和 Strollinger（2013）在测度澳大利亚在全球价值链中的表现时对部门的分类方法，将制造业部门分为低技术制造业 LT（low-tech manufacturing）组[①]，中低技术制造业 M-LT（medium-low tech manufacturing），中高技术制造业（medium-high tech manufacturing）分别进行考察。

（一）基准模型

首先采用计量方程（1）进行初始检验。表 2-13 中第（1）列是针对全样本的检验结果。由表 2-13 可知，控制行业差异后，数字化

---

① LT 组包括 C05,C06，C07，C08，C09，C22 部门；M-LT 包括 C10，C13，C14，C15，C16；M-HT 包括 C11，C12，C17，C18，C19，C20，C21 部门。

投入的回归系数显著为正，初步表明数字化投入有助于提高我国制造业全球价值链参与程度并促进国际竞争力的提升。控制变量中，海外需求、要素回报系数均显著为正，部门规模和资本存量系数均显著为负，部门规模的影响方向与预期不一致，劳动生产率的影响方向与显著性水平均与预期一致。

（二）加入交互项的模型

然后在基准模型基础上加入部门企业数量 num 和部门研发强度 rd，两者分别于全球价值链位置做交互项，重新考察数字化投入与部门全球价值链所处地位之间的关系。表 2-13 中的（2）（3）列是针对全样本的检验结果。由表 2-13 可知，控制行业差异后，数字化投入的回归系数依然显著为正，对比（1）（2）（3）的检验结果可知，变量 Dig_in 的回归系数和 t 值均未显著提升，由此可知，"成本发现"效应在本模型中并不显著；且与预期相反，部门的研发强度对于数字化投入促进全球价值链升级的效果没有显著的作用。

表 2-13　　　　　　　　　模型检验结果

变量	基准模型 （1）	num （2）	rd （3）
Dig_in	0.022*** (7.20)	0.022*** (7.24)	0.022*** (7.20)
Dem	0.058*** (13.04)	0.058*** (13.05)	0.058*** (13.01)
Siz	−0.003** (−2.36)	−0.005** (−2.07)	−0.004* (−1.92)
Cap	−0.059*** (−5.72)	−0.057*** (−5.45)	−0.058*** (−5.56)
KL	0.025*** (6.12)	0.025*** (5.93)	0.025*** (6.03)

续表

变量	基准模型 （1）	*num* （2）	*rd* （3）
Prod	−0.016 (−1.56)	−0.016 (−1.57)	−0.016 (−1.55)
num		−0.002 (−0.77)	
rd			0.832 (0.41)
常数项	0.215*** (3.52)	0.211*** (3.43)	0.214*** (3.48)
R^2	0.1565	0.1548	0.1562
时间 / 行业	YES	YES	YES
N	4860	4860	4860
F	127.38***	125.96***	126.95***

（三）考虑部门类型的检验

在对不同技术类型的制造业分组考察后，数字化投入对全球价值链地位提升的作用出现了差别。对于低技术制造业（LT）部门，数字化投入的作用并不如预期显著，甚至出现了负向的影响，这或许与低技术制造业部门多为资源密集型或劳动密集型部门，如食品加工等，对数字化投入的需求相对较小，更多的通信技术投入或信息服务业投入或会冲抵廉价劳动力的成本优势，因此弱化了数字化投入在增加其全球竞争力方面的促进效应。对于中低技术制造业（M-LT）部门和中高技术制造业（H-MT）部门来说，数字化投入对于增强其国际竞争力有显著的正向意义。典型的高技术密集型部门比如汽车和电子工业，其所建立的国际生产网络不仅组装最终产品，而且形成了核心零部件和组件的供应基地（加里杰里芬 2018）。而且于中高技术制造业（H-MT）部门而言，这一效应更强于中低技术制造业（M-LT）部门（系数更大），与预期一致，说明较低技术密集型制造业，中高技术制造业部门通过加大数字化生产要素的投入实现融入全球价值链，加深全球价值链参与度的空间更大（Frederick and Gereffi 2011）。对此可能的解释是制药业、电脑电子产品、机械和设备制造业、汽车制造业等受数字化、信息化程度影响较大，比如将增材制造嵌入飞机制造业，可以降低该部门的研发成本，拓宽了研发的范围；再比如海尔将其在沈阳的工厂升级为"智能工厂"使得生产率翻一番，配货时间从15天降至7天，极大地提高了效率，这一测算结果与我们的现实经验证据基本保持一致。在进行部门的分组后，"成本发现"效应依然不显著。$Dig\_in_{s,t} \times num_{s,t}$ 仅对中高技术制造业在1%显著性水平上有作用，而且是负向的；$Dig\_in_{s,t} \times rd_{s,t}$ 仅对中高技术制造业在1%显著性水平上有正向作用，这或许是因为高技术制造业部门的研发经费内部支出相较于其他两个组别，更多地投向了信息化和数字化领域，原因如前所述。此外，列（9）$Dig\_in_{s,t}$ 的系数和 t 值有所增加也予以了进一步印证。

整体来看，数字化投入对中低和中高技术制造业部门的正向作用较强，研发强度的增加有助于这一效应的放大。由此可见，对于这些制造业部门而言，应该把握住数字化的新机遇以提升全球价值链地位，并且在这一过程中，由于使用了更多信息服务和通信服务隐含在制造业产品中出口出去，使得下游部门的产品竞争力得到了加强，对制造业贸易的增长有促进作用。

表 2-14　分组计量模型结果

变量	LT (1)	LT (2)	LT (3)	M-LT (4)	M-LT (5)	M-LT (6)	M-HT (7)	M-HT (8)	M-HT (9)
Dig_in	-0.004	-0.004	-0.004	0.024***	0.024***	0.024***	0.035***	0.035***	0.039***
	(-0.82)	(-0.87)	(-0.85)	(3.89)	(3.87)	(3.87)	(9.01)	(9.18)	(9.98)
Dem	0.042***	0.041***	0.042***	0.080***	0.081***	0.081***	0.065***	0.065***	0.065***
	(7.38)	(7.32)	(7.32)	(5.68)	(5.67)	(5.68)	(12.34)	(12.50)	(12.28)
Siz	-0.003*	-0.002	-0.003	-0.005	-0.007	-0.007	-0.001	-0.005*	-0.002
	(-1.78)	(-0.87)	(-0.08)	(-1.47)	(-1.37)	(-1.41)	(-0.53)	(-1.68)	(-0.72)
Cap	-0.022*	-0.023*	-0.023*	-0.064	-0.064	-0.063	-0.075***	-0.069***	-0.073***
	(-1.88)	(-1.92)	(-1.88)	(-1.51)	(-1.50)	(-1.49)	(-7.15)	(-6.35)	(-6.52)
KL	0.024***	0.024***	0.024***	0.024***	0.024***	0.024***	0.039***	0.037***	0.038***
	(3.66)	(3.67)	(3.63)	(2.60)	(2.48)	(2.50)	(6.34)	(6.05)	(6.11)
$Prod$	0.002	0.002	0.002	-0.040	-0.038	-0.038	-0.025*	-0.027**	-0.026*
	(0.15)	(0.18)	(0.17)	(-0.98)	(-0.91)	(-0.91)	(-1.92)	(-2.05)	(-1.95)
num		0.002			-0.003			-0.006*	
		(0.44)			(-0.55)			(-1.66)	
rd			0.021			0.041			0.064*
			(3.31)			(5.11)			(9.52)
常数项	0.006	0.010	0.009	0.206	0.215	0.214	0.220***	0.204***	0.215***
	(0.08)	(0.13)	(0.12)	(0.79)	(0.81)	(0.81)	(3.60)	(3.35)	(3.45)
R^2	0.1515	0.1490	0.1495	0.3134	0.3217	0.3225	0.6555	0.6570	0.6575
时间/行业	YES	YES	YES	YES	YES	YES	YES	YES	YES
N	540	540	540	375	375	375	735	735	735
F	55.11***	51.54***	50.84***	9.50***	9.47***	9.48***	81.37***	83.17***	79.57***

四 稳健性检验

（1）更换被解释变量：用前向垂直专业化指标 VS1 指标代替 $GVCP_{s,t}$，VS1 的计算公式和意义如前文所述。

（2）更换解释变量：用各部门使用的全球信息服务和通信服务投入 $Dig\_in\_W_{s,t}$ 代替 $Dig\_in_{s,t}$；用各部门的国内信息服务和通信业投入占各部门总产出的比重 $Dig\_in\_P_{s,t}$ 代替 $Dig\_in_{s,t}$，检验结果如表2-15所示。

（3）控制内生性：滞后一期。

为了控制潜在的内生性、互为因果等问题，此处采用滞后一期的方法操作。本书的制造业细分部门和相应的数字化投入很难找到合适、合理的工具变量来处理内生性问题。国际经济学中通常采用的方法是以核心解释变量的滞后项作为解释变量来控制内生性（Kummritz, Taglioni, and Winkler 2017，谭人友、葛顺奇、刘晨 2017，Kowalski and Lopz-Gonzalez 2016）。因此，这里将 $Dig\_in_{s,t}$ 滞后一期作为解释变量，检验结果如表2-15所示。

表2-15　稳健性检验结果

变量	（1）	（2）	（3）	（4）
L.Dig_in			0.020*** (6.60)	
Dig_in_P				0.030** (5.12)
Dig_in	0.047*** (4.68)	0.022*** (7.14)		
Dem	0.137*** (9.20)	0.058*** (13.03)	0.055*** (11.78)	0.056*** (11.42)
Siz	−0.002 (−0.51)	−0.003** (−2.35)	−0.003** (−2.39)	−0.004* (−1.83)

续表

变量	（1）	（2）	（3）	（4）
Cap	0.197***	−0.059***	−0.056***	−0.050***
	(5.74)	(−5.74)	(−5.09)	(−4.35)
KL	0.018	0.025***	0.021***	0.019***
	(1.32)	(6.06)	(4.90)	(4.17)
$Prod$	−0.040	−0.159	−0.019*	−0.009
	(−1.18)	(−1.54)	(−1.68)	(−0.77)
常数项	−0.939***	0.217***	0.239***	0.263***
	(−4.60)	(3.55)	(3.68)	(3.91)
R^2	0.1996	0.1565	0.1533	0.1289
时间/行业	YES	YES	YES	YES
N	4860	4860	4860	4860
F	52.11***	127.26***	120.94***	111.84***

四个稳健性检验回归结果见表2-15，列（1）为用 $VS1$ 代替 $GVCP_{S,T}$ 的测算结果；列（2）为用 $Dig\_in\_W_{s,t}$ 代替 $Dig\_in_{s,t}$ 的测算结果；列（3）为将 $Dig\_in_{s,t}$ 滞后一期进行回归的结果；列（4）为用 $Dig\_in\_P_{s,t}$ 代替 $Dig\_in_{s,t}$ 的回归结果。在表2-15中，核心解释变量数字化投入的显著性和系数符号没有发生根本性变化，这说明前文的结果是稳健可信的。

五　小结

本节利用2000—2014年我国18个制造业部门的面板数据，系统考察了数字化投入对制造业部门全球价值链地位的影响。该计量回归模型及稳健性检验结果均表明数字化投入对我国制造业部门深化全球价值链参与度、提高全球竞争力有积极的作用。数字化投入每增加1%，我国制造业部门的全球价值链参与度便增加0.02%。该正向效应在考虑了内生性和使用不同的全球价值链参与测度指标后均保持稳健。在制造业部门中，数字化投入对中低技术制造业部门，比如橡胶及塑料制品业和中高技术制造业部门，比如电脑、电子产品及光学产品制造业的全球价值链地位提升作用更明显。尤其是对中高技术制造业部门，数字化投入每增加 1%，则中高技术制造业部门的全球价值链参与度增加 0.04%。

由此可见，在数字经济时代，中高技术制造业部门从全球价值链低端向高端跃升的机遇总体优于其他制造业部门，研发经费内部支出占主营业务收入更高的部门好于其他部门。

这一结论与当前全球制造业发展的现状相吻合。美国、德国、日本和中国等制造业大国目前纷纷出台了数字化制造业的战略，如前文所述，G20 国家工业数字经济占行业增加值最高的是德国，其工业数字经济占行业增加值比重高达 41.8%，其次是韩国、美国、英国。而这些国家的制造业总体来看处于"微笑曲线"的两端，更有竞争优势的是中高技术制造业部门，而恰恰是这些基础较好的国家的制造业部门也是在数字经济时代收益最多，利用新型的信息及通信技术最多的部门。因此，如何充分地将智能化、数字化、信息化嵌入制造业部门，不论是中高技术制造业部门还是中低技术制造业部门，从而提高其国际竞争力，实现向全球价值链高端跃升并最终促进贸易的增长是接下来我国亟待思考的问题。在接下来的章节中，本书将继续探讨发挥这一效用的现实途径。

第三章
政策与实践

第一节　数字经济促进升级与治理演变的现实路径

一　数字经济时代全球价值链治理与升级路径

第二章的结论清晰地表明制造业数字化对其参与全球价值链和提高国际竞争力有着正向作用，但这种效应实现的现实途径是什么呢？经济行为体究竟该如何依靠数字化、信息化努力向全球生产网络的更高端移动呢？本章将从新经验证据角度分析数字化是如何影响全球价值链的。首要的任务是从全球价值链理论出发，界定"新"在哪里。

在全球价值链研究框架中，行业升级被定义为"经济行为体——国家、行业、企业或者生产者——在全球生产网络中从从事低附加值活动向从事高附加值活动攀升的动态过程"（Gereffi 2005b）。升级一般意味着生产更好的产品、使用更有效率的生产方式或者进入技术含量更高的生产阶段（Frederick and Gereffi 2011; Frederick and Staritz 2012）。现实中，一般有五种升级路径，其中大部分都是最终实现"功能性升级"的必经之路（Frederick and Gereffi 2011; Frederick 2016），也就是从价值链的贴牌生产（OEM）阶段到自创品牌生产（OBM）阶段再到原始设计制造业（ODM）阶段。发展本土品牌，直接向采购商聚集区进行区域销售，在当地建立本区域的设计中心等，都是重要的升级路径（Gereffi 2005）。如果从一个更加具体的方式来看待升级，从与生产和出口活动相关的一系列经济角色出发，这些生产与出口活动包括组装、贴牌生产、自主品牌生产和原始设计制造。经济角色的这一次序涉及一系列更广泛的能力，这些能力都是发展中国家在不同产业追求升级时所必需的能力。在接下来的章节中，将考察服装制造业的经验证据以论证数字化如何实现了制造业的升级。

表 3-1　　　　　　　　　　全球价值链升级路径

升级类型	描述
产品升级	生产更复杂价格更高的产品：基础→设计→功能性的（R&D）
流程升级	投资更新的机械设备或物流技术提高效率，降低成本
功能性升级	增加功能的范围，承担更高价值的活动：从制造商向服务提供商转变 CMT→OEM→ODM→OBM
终端市场升级	在消费者、地理范围或产品市场方面实现多元化
链条升级	进入其他生产链

资料来源：Frederick & Gereffi（2011）。

治理问题是全球价值链研究的另一个重要维度，它是决定升级结果的一个关键因素。它涉及决定公司间分工的链条中的主要参与者，并形成参与者提升其活动的能力。治理结构描述了企业如何控制价值链，更具体地说，权力关系如何决定一个链条中财物和人力资源的分配和流动。过去几十年来，全球经济在很多方面都发生了改变，这些改变都源自全球经济的治理方式的变迁（加里杰里芬 2018）。它不仅影响了商品和服务的跨境流动，而且影响着国家或行业在国际生产分工中的上升（或下降）进程。而在数字经济时代亦如此，发达国家和发展中国家中的决策人、劳动者等利益攸关方如果希望借机改善自身在全球生产分工中的地位或是预防可能发生的衰退，就必须对当今全球经济的治理有新的理解和认识。

在治理研究领域，许多学者已经考察了强大的领先企业的重要作用，特别是在以服装行业为特征的买方驱动型商品链中（Gereffi 1994; Gibbon，Bir，and Ponte 2008）。在服装行业，领先企业有能力收集和处理信息，这为它们提供了强大的讨价还价的机会。人们普遍认为，供应商在生产过程中进行升级，但在设计、市场营销、品牌和零售方面却面临着障碍。但是，全球价值链领先企业之间的权力关系可能在数字经济时代发生变化。就目前中国互联网经济下的治理关系来看，其与传统的"买方驱动链"和"生产者驱动链"就截然不同。正如本章节将要表明的那样，发生这种情况的原因是两个新的经济角色——互联网消费者和平台公司——正直接甚至无处不在地参与着 Gereffi（2001）所谓以互联网为基础的价值链治理结构。此外，数字经济也改变了全球价值链框架中传统意义上的"生产者"（Producer）和"采购商"（Purchaser）的含义（Rehnberg 和 Ponte 2017）。数字经济时代，在互联网平台公司（Parker and Van Alstyne，2016）创造的这个"双向市场"中，"参与型消费者"（Internet-engaged consumers）是这个市场的需求方，实现数字化转型的企业是新市场的供应方。

一方面，"平台经济"（platform econnmy）为生产者和消费者提供使得产品和服务高频度交换的渠道。这与平台公司本身的性质和主要优势相关，如亚马逊、淘宝和天猫在线提供了低成本的采购商和生产商之间的桥梁，并使互动和信息共享成为可能。另一方面，消费者对价值链的参与已经释放出新的潜力。正如普华永道发现的那样，电子商务正在从纯粹的交易形式演变为正在形成的中国消费品行业的客户参与生产的形式。

以中国服装行业为例，品牌能够通过网络意见领袖的在线直播获得大量有关服装的消费者反馈，促使制造商改进产品开发和库存管理。客户的力量在供应方面是有威胁性的。从某种意义上说，消费者通过平台公司获得更多权力，挑战供应商确定高附加值活动的责任。中国的服装企业正在推动"消费者反馈型"价值链的出现。与传统的买方驱动的治理不同，中国的服装企业在数字经济时代呈现出新的治理趋势：（1）原有的线性价值链受到破坏，在线销售取代了传统的地方零售商；（2）基于互联网的平台公司正在建立将消费者直接与广泛分散的生产者联系起来的双边市场。具体而言，"反馈型消费者"是该市场的需求方；（3）权力正从零售商（组织买家）转移到个人消费者，而这种消费者反馈型驱动正在中国服装制造价值链中形成。

表 3-2　　　　　数字经济时代全球价值链治理结构演变

治理结构	代表性部门和发生时间	主要驱动力	形式	典型的企业
生产商驱动型	自然资源：19世纪晚期（20世纪早期）	跨国公司制造商	垂直融合	石油和采矿企业
	汽车、飞机、电脑和制药业（20世纪中晚期）			美国、欧洲和日本的制造商
采购商驱动型	非耐用消费品（服装等）：1970s—1990s	没有工厂的制造商；零售商；全球品牌商	网状融合	墨西哥、菲律宾、香港、中国台湾、韩国、中国（1960s中期开始）
消费者反馈型驱动	中国服装制造业：2010s	网购用户	平台融合（依赖于平台公司）	韩都（2000s以后）；中国虎门镇的服装制造业集群（2010s以后）

近年来，不论是在发达国家还是在发展中国家，电子商务在促进经济发展方面都显示出了不竭动力。作为全球最大的网络零售市场，电商在中国的发展更是举世瞩目。中国经济自20世纪80年代以来因受惠于丰富廉价劳动力的相对优势和资本投资实现了快速的发展，但金融危机以来经济增速有所放缓，原来的人口红利摊薄。同时，新的经济部门，逐渐成熟，并为供给侧改革、产业结构优化升级注入新的活力，业已成为"中国正在经历从投资型和出口型增长模式向创新和消费促进的增长模式转变"的一大标志。那么，从价值链角度，电商

如何帮助产业实现升级并提高部门获得价值的能力？如何影响传统的价值链治理理论？什么样的制度背景激发了电商方式的采用呢？

本节试图综合运用社会经济学和经济学的逻辑，通过中国服装制造业实证分析，回答数字经济时代电子商务如何帮助企业从价值链低端向中高端攀升，并同时保持较低的成本和实现更高的效率这一问题。本节采用企业层面为核心的定性分析方法，将企业和企业间网络作为核心的分析单位，以研究某一全球产业或部门结构中的该行为体。服装制造业是一个典型的传统劳动密集型制造业，如第二章的贸易分解结果所示，我国长期处于该部门全球价值链的中低端，并主要从事加工、装配等低附加值活动，但同时该部门又是占有中国网络零售最大市场份额的部门。中国纺织服装产品网络销售额占总销售的比重远远高于其他国家和地区。此外，纺织服装制造业代表了更为有趣的案例，即中小企业在电商帮助下较大企业更容易实现升级。

本节将会运用前文所述的新治理理论和升级路径新特征的观察，从价值链升级角度考察电商如何给中国纺织服装企业创造机会使其实现功能性升级（从制造厂商向品牌厂商的转变）以及终端市场的升级，同时从价值链治理的角度研究平台公司（Internet-based platforms）和互联网消费者（Internet-based consumers）如何改变该部门价值链的治理架构。

二 以中国服装制造企业为例

（一）电商的增长、服装制造业的新业态

在当今中国，每天有数以百万计的消费者参与网络零售。2010年，网络交易仅占社会消费品零售总额的3.5%；到2019年，这一比重已经达到了20.7%。贝恩咨询认为，电子商务在中国零售市场持续发力，

2015—2020 年的年增长率达 20%。

消费者在网上买什么？尼尔森咨询相关研究报告了全球在线消费的品类分布。根据销售额统计，服装和配饰在亚太地区、欧洲和北美都排名第一。ATKearney（2015）也发布了 2015 年全球网络市场最畅销商品排行榜，电子产品和服装均名列前茅，这两类产品的全球网络平均购买率分别为 77% 和 76%，而在中国则达到了 96% 和 97%。

表 3-3　　中国网络零售市场份额，按品类划分，2014/2015 年

种类	占中国网络零售市场的比例	该品类网络销售的比例
服装、配饰、包	33%	23%—25%
电子电器	22%	35%—38%
食品杂货	18%	4%
美妆个护（2012）	7%	28%

数据来源：Bain &Company (2015); Euromonitor (2015); MarketLine (2016); S-GE (2014)。

在跨境电商出口方面，纺织、服装制造业也占据重要地位，尤其在我国对澳大利亚和新西兰的跨境电商出口中，如表 3-4 所示，2015 年中国跨境电商出口前三名品类是电子产品、服装和户外产品，服装的跨境出口销售增长率在 2014 年至 2015 年增长了 74%。此外，品牌产品（Branded Products）的占有率从 2011 年的 9% 上升到 2015 年的 19%。

表 3-4　　中国跨境电商出口的主要产品

年份	跨境电商出口总额 2013	跨境电商出口总额 2015	品类占总出口的比重 2013	品类占总出口的比重 2015
总值（$，十亿）（B2B+B2C）	375	733		
电子产品（$，十亿）	155	276	41%	38%
服装（$，十亿）	44	75	12%	10%
户外产品（$，十亿）	30	55	8%	8%

数据来源:2013: Eguan (2014); 2015: China E-commerce Research Center (2016)。

（二）数字经济与服装制造企业价值链升级

本节的研究发现是电子商务使得中国的服装制造业在价值链中实现了功能性升级（functional upgrading）和终端市场的升级（end-market upgrading）。由于在升级之初所处发展阶段的显著差异，下文将对大型企业和中小型企业（SMEs）分类进行研究。在此过程中，我们也将看到政府政策、制度、企业战略和技术的不同组合深刻影响着升级的情况。

1. 中小企业功能性升级

通常来说，中小企业在升级时面临比大企业更多的障碍。实践证明，在全球服装制造业价值链中，由于领导型企业控制了包括产品研发、设计、营销、品牌在内的无形的服务性活动，所以获得了更多的价值。而对于中小企业而言，难以对接目标消费者，无法承担高昂的实体店费用以及名人广告成本，这些都是限制它们进入服务相关经济活动的障碍。电商的出现为它们提供了新的解决方案，使得更低成本、更高效地进入高附加值领域成为可能。中国中小型服装制造业的案例证明了凭借网络销售而实现升级的巨大可能。具体来说，电商使得两种类型的中小型服装企业实现了功能性升级：新兴网络品牌和传统服装制造商。

2. 新兴网络品牌

纯粹的新兴互联网品牌比如韩都衣舍（简称韩都）、惠美和裂帛都在短短几年时间内已成功在中国竞争激烈的服装市场取得一席之地。韩都的案例分析清晰地展示了电子商务是如何帮助互联网品牌走数字化之路，实现价值链升级。

韩都始于2006年的淘宝网，建立之初的业务是给中国消费者代购韩国品牌。2008年，韩都建立了第一个自己的品牌Hstyle，并负责该品牌的R&D和服装设计，外包生产给其他服装制造厂商。这第一次的转变源于在从事代购业务的两年期内，韩都通过网络零售平台获取了大量数据，比如目标消费者的样式偏好和价格接受度。在随后的十年里，韩都持续不断地建立新的品牌，并拓展至其他网络销售平台（如京东、唯品会等）。截至2015年，网络平台的销售额占其总销售额的98%。2014年，在中国的电商市场，韩都的销售额首次超过了知名的国外品牌优衣库。2015年，其销售额达到了19.26亿美元，增长率达到51%。2017年，韩都已建立50多个男装、女装和童装的品牌。2019年"双十一"，韩都衣舍交易额达到4.7亿元，连续六年获得"双十一"互联网服饰品牌销售冠军。

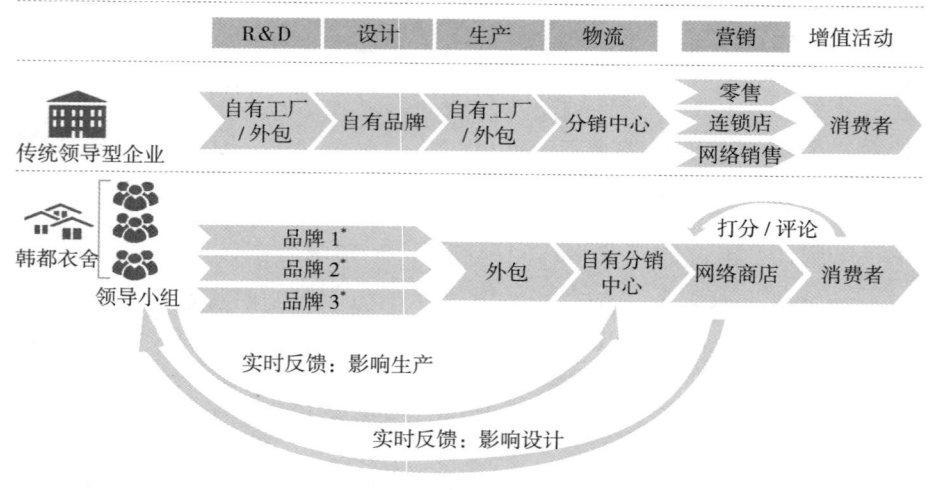

图3-1 韩都衣舍价值链活动

资料来源：笔者绘制。

韩都能实现品牌的快速建立，其背后的重要原因是基于互联网的特别管理模式。它打破了一般制造商的部门、科层结构，为了快速适应并充分利用互联网汇集大量消费者反馈的长处，韩都创建了全新的小组管理组织架构，可以在降低生产成本的同时，对消费者的反馈进行快速的集合、识别和反应。目前，韩都共有280个完全自主的产品小组，小组各自负责不同的子品牌，每个小组有3—5名员工，分别对应品牌建设、产品设计、消费者反馈分析职能,并直接向生产部门点对点下达本小组所负责产品的追加生产或缩减生产的指令,实现高度的权责利统一。与之相应的是韩都生产链的弹性化,根据小组的指令进行及时的小量生产和快速补货。简单来说,就是韩都实现了在较短的时间将发现消费者喜欢的产品并生产、传递给他们,而将消费者不喜欢的产品及时地砍掉。这样的运营机制保证了数据能嵌入式地支持所有相关业务,充分展现数据的价值,使韩都实现完全的数据驱动管理。

基于平台公司,实现了企业和消费者的高频接触。据 iResearch 研究发现,超过 70% 的中国网络消费者会给出评价或打分,而 90% 的网购者会在下单前浏览相关评价,这就为建立在平台公司上的中小企业提供了巨大的数据采集和整合的便利。韩都、汇美和裂帛等中小型企业正在通过充分利用消费者数据实现多品牌战略和销售的增长。以惠美为例,其购买了"J&T"标准化的专业大数据服务,以获取消费者的偏好信息(对样式的偏好、价格敏感度、移动端购买习惯等),此后该企业总销售额增长近 70%。因此,电子商务为传统制造业企业提供了获得丰富储量数据的渠道,明显提高了企业的运行效率,降低了企业从事高附加值活动(设计、营销、服务)的门槛。在此过程中,消费者也于无形中部分承担了企业设计师、品牌推广者的职能,这也从另一个角度降低了企业参与服务型经济活动的成本。

3. 传统中小型服装企业

网络意见领袖与服装企业的合作是对传统纺织服装制造业而言的另一种升级方式,它不仅基于网络销售,同时也依靠社交媒体平台。这在中国的传统服装制造业聚集地尤为多见,比如广东省虎门镇,"这里有一大批小型企业正在通过嵌入网红经济寻找新的发展机遇"。

近年来学界已经有不少针对网络意见领袖与购买者决策的研究成果。在现实世界中素未谋面的群体却能够实实在在地影响个体行为,包括购买决策。Instagrama 上的名人对于年轻女性用户的购买行为有很大影响，尤其是那些非传统意义上的明星，比如 Youtube 红人等。中国的电子商务已经最大化了这种联合效应，并利用网络意见领袖和社交媒体创造出了新的经济模式，这种新经济业态预计将会给服装制造业带来约 162 亿美元的增长，其中，社交媒体在建立品牌认知、大数据收集和将流量导入网络商店方面发挥重要作用。

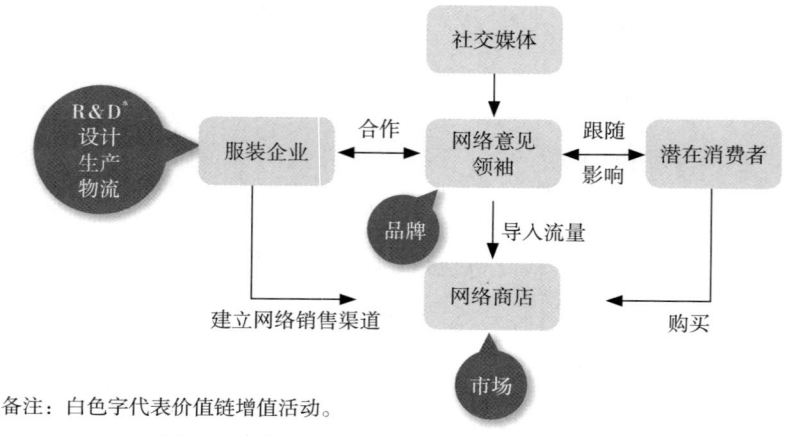

备注：白色字代表价值链增值活动。

图3-2　虎门中小型服装制造商升级路径

资料来源：笔者绘制。

OEM 服装制造商与网络意见领袖合作建立品牌（有时候以后者的名字作为品牌名称），并由厂家给网络意见领袖制作样衣，后者将穿着样衣的照片发布在社交媒体上，收集追随者（粉丝）的反馈信息，同时将目标追随者导入网络商店，转化为由厂商和网络意见领袖共享的经济收益。这种转变也激励着企业提高产品质量以维持现有消费者并持续吸引新的消费者。每一季、每次的新品推出双方都重复这样的合作，虎门电子商务产业园区负责人表示："电子商务改变了传统的销售方式。现在，小型制造企业需要建立自己的品牌，而网络红人给出了

———
① 美国社交媒体软件。

解决方案。"

电子商务的存在架起了网络意见领袖和互补性制造企业的桥梁。在这样的"网络红人经济"中，电子商务由于其较高的转化率，是一个不可缺少的元素。网络意见领袖在社交媒体上拥有号召粉丝（潜在的购买者）的能力，同时服装制造企业提供完整的供应链，电商造就了双赢，也为传统服装制造业提供了创造高附加值的能力。

在电子商务和网络意见领袖的合作效应下，小型服装企业获得了从事价值链在中高端服务相关活动的能力，并有助于实现从OEM向ODM/OBM的转变。比如樱尚，一家位于虎门镇的小型服装厂，现在是七格格和妖精的口袋两个互联网女装品牌的ODM制造商，在此之前，它为女装领导品牌淑女屋做OEM加工。

4. 中小企业终端市场升级

跨境电商给中小型制造商提供了新的出口渠道，降低了此前企业进驻国际市场所需做的物理投资，并降低了成交时间。凭借国际销售平台，跨境电商正在重塑中小型企业参与的全球贸易链，在促进生产商与海外消费者的直接接触、简化交易行为、解决物流障碍和降低交易成本方面，跨境电商出口都发挥了积极意义。

以Globaleglow为例，其建立于2007年，是一家中国跨境电商民营企业。Globalegrow拥有两个网络销售平台：DressLily和Sammydress，都专注于海外女装市场，并接受来自200多个国家的消费者订单。2015年，Globalegrow的销售额约为6亿美元。它本身并没有工厂，但是拥有两个国内中央仓库和数个海外仓库以及完整的物流系统。对于中小型供应商来说，一旦成为Galobalegrow的供应商，他们就将自己的产品陈列在DressLily或者Sammydress平台，然后生产产品，贴上网站的标牌并将产品运至指定的国内中央仓库；Globalegrow负责支付的清算，进出口清关，海外物流及配送。图3-3展示了在此供应链中的制造商行为，图3-4展示了供应商价值链。

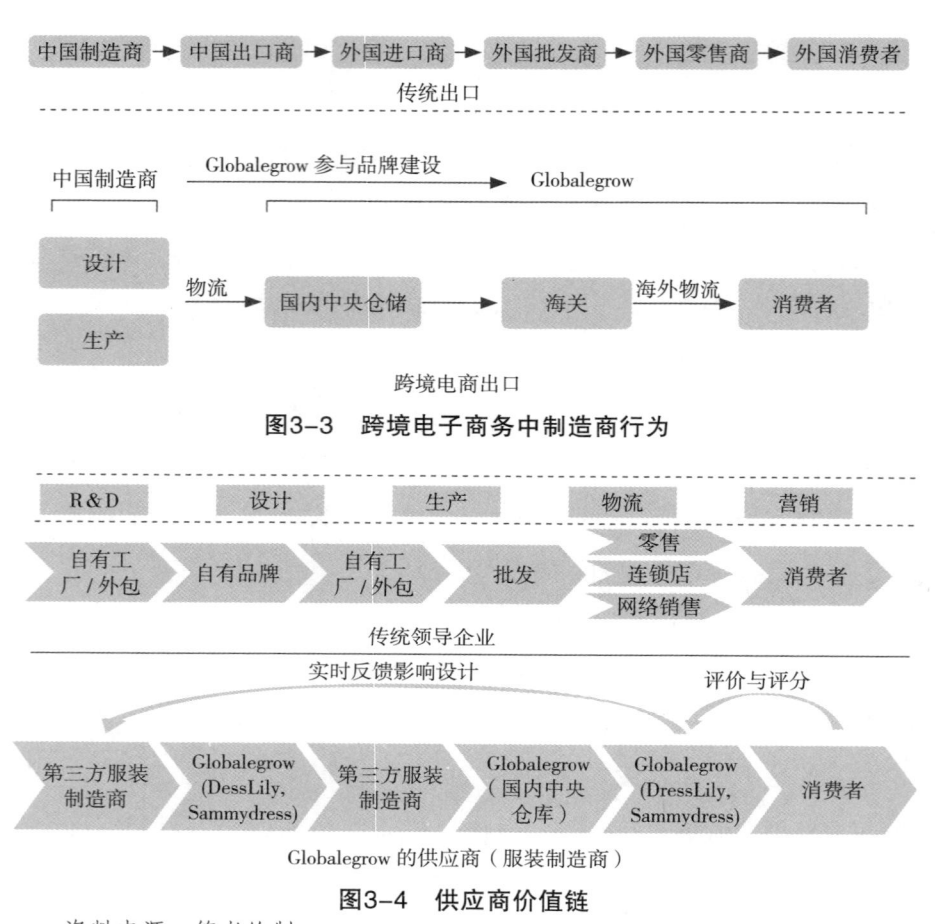

图3-3 跨境电子商务中制造商行为

图3-4 供应商价值链

资料来源：笔者绘制。

在 Globalegrow 之外，中国的跨境电商公司诸如 JollyChic、兰亭集势等都从事网络出口包括服装在内的中国产品的业务；其中 70% 的出口产品都由制造商直接供应。

跨境电商平台公司为小型服装品牌提供了另一个进入全球服装价值链的路径。子午线是一家成立于 2011 年的杭州服装企业。旗下品牌 Everkaki 通过跨境电商平台——AliExpress 和 Amazon 销售给海外网购用户，它依靠低廉的价格和较高的质量吸引海外消费者，其在 Amazon 上销售货品的价格在 8 美元至 28 美元。2016 年，Everkaki 完成了 480

万美元的交易，意味着每天有 3000 个产品出口，80% 出口至俄罗斯。Everkaki 的生产一部分由其自身完成，一部分外包给周边三个制造企业，以确保最低的生产成本和统一的质量。

这些新兴的中国服装品牌正在创造性地利用互联网建立与消费者更多的联系，并通过柔性制造、服务型制造等让消费者参与到品牌建设、服装设计、营销等经济活动中，这在数字经济时代之前是难以想象的。

5. 大型服装制造商终端市场升级

我国的大型领导企业在多年以前就从出口导向型的 OEM 转向了 OBM 制造商；它们拥有在国内有知名度的品牌，以及成熟的实体店销售渠道，十个市场份额靠前的女性服装品牌多年来始终保持领导地位。对于这些制造商而言，数字经济提供了一个补充性的销售渠道，使它们可以用较低的成本接触到三线、四线的消费群体。表 3-5 展示了我国大型服装制造商的网络市场表现，可以看到几乎所有的大品牌都通过在网络平台建立旗舰店而多样化了销售渠道。这些知名的国内品牌大多有二十余年的历史，比如杉杉、太平鸟、森马等。太平鸟在近年与天猫达成了覆盖品牌建设、消费者管理和大数据共享等经济活动的战略协作协议。比如，太平鸟的网络旗舰店为消费者提供 VR 眼镜使其看到自己穿上所售服装的样子。

大型企业现在创造性地在对接网络商店和实体店以创造更多的消费者参与，比如 O2O 的模式。森马通过线上线下的活动在 2020 年的"双十一"购物节实现了超过 17 亿元的成交额。在"双十一节"前，森马在产品推广上针对年轻群体推进"1+1>2"的 IP 跨界策略，包括传统文化 IP（山海经系列）、经典卡通 IP（迪士尼系列）。针对追求品质的上班族群体，森马推出："超级面料"羽绒系列，较高实用度吸引了大批消费者。

表 3-6 对以上的升级路径和相应的类型做了总结。不同发展阶段的企业按照数字经济嵌入其经济活动的程度可分为两类：互联网基础型制造商以及互联网补充型制造商。显然，电子商务在此不仅仅是一项技术，更是能给企业带来关系到价值链所处位置的深远变革。两个新的参与者——平台和参与型消费者——改变了价值链上的主体关系和权力分配。

表 3-6　　中国服装企业在以互联网为基础的治理中的类型

	互联网基础型服装企业	互联网补充型服装企业
企业形式	新兴网络品牌	领导品牌
	网络意见领袖 + 中小服装企业	平台公司 + 传统中小服装企业
典型企业	韩都衣舍	杉杉、太平鸟、森马
	虎门服装制造业集群	Globalegrow, Everkaki
升级类型	功能性升级	终端市场升级
升级驱动力	平台公司 + 参与型消费者	平台公司

资料来源：笔者设计。

当然，不是所有的服装企业在嵌入数字经济时都可以实现升级。在竞争激烈的电子商务市场，新的初创企业每天都在诞生，但也有成立已久的企业被淘汰。2017 年以来，某知名数字经济杂志罗列的六个破产的电商企业中就有一家是从事服装制造业的。绿盒子，一个中国知名 OBM 童装民营企业。

绿盒子成立于 2003 年，曾经连续三年为淘宝童装销售冠军，也曾被德勤公司（Deloitte 2016）评为中国科技企业名单五强。与本土的其他童装代工企业不同（Fastcompany 2012），绿盒子从创始之初就很重视品牌建设，独特的设计和产品的安全性，使之能脱颖而出。绿盒子拥有三个知名度较高的本土品牌——Miss de Mode, M.I.L. Boy, Jenny Bear 和一个迪士尼授权的合作品牌——Disney by GreenBox。然而，该公司两次将线上商店转移至线下门店的尝试以及试图建立独立品牌网站的计划均以失败告终,这两次决策不可避免地消耗了大量的资本并引起管理的混乱。第一次尝试在 2006 年,绿盒子开始拓展门店渠道,但不久因为金融危机造成的经济不景气而关闭了大量门店,重新回归淘宝的线上交易。第二次尝试在 2015 年,绿盒子在一线城市投资了 100 家实体店,导致了盲目扩张和资金紧张(Koetse 2017),最终因为资金链断裂而宣告破产。绿盒子的转型经验表明当数字经济嵌入传统制造业,对于厂商进入 ODM 和 OBM 生产确实有辅助作用,但是想要长久地保持在更高的价值链位置,如果没有相应的企业发展战略配合仍然困难重重,这与企业在传统的商业环境中生存并无二致。绿盒子案例强调了作为一个纯互联网品牌,通过平台公司获得了成功,并不意味着转移到其他电子商务经营路径上依然能成功。

接下来,再看传统大型企业因不适应数字经济的经营模式而走向失败的案例。百丽,一家香港的鞋子制造企业,曾经占据了中国女鞋市场 50% 的市场份额。在 2016 年却关闭了大陆的近 700 家门店(意味着每天关闭近两家),在近十年以来第一次宣告企业连续利润亏损并决定从港股退市。事实上,百丽不是唯一一家面临经营困境的大型企业。七匹狼,中国本土知名男装品牌,连续第三个财报年销售额下降,并在 2010—2015 年关闭了约 1 万家门店。同样的情形还发生在达芙妮(知名女鞋品牌)、九牧王(知名男装品牌)等企业。这些传统大品牌企业的共同点是它们拥有遍布中国的大量实体店,这曾经作为强大的销售网络和品牌建设支持它们从事高附加值的生产活动,并将中小企业挡在门槛之外。然而,随着动态的、创新的在线销售方式的出现,单纯的门店销售已失去有效性和竞争力。

简而言之,实体店相较网上销售不具备的是,每一次网购物行为的鼠标点击都快速反映了他/她的偏好信息和行为习惯,网络平台公司实现了企业与消费者的实时互动,使得消费者需求更大程度暴露,企业通过对消费者行为数据以及他们对产品态度的信息进行收集、清洗、分析，并获知可能隐含的相关度，从而修正甚至创造更多的服务。换句话说，电子商务引致了更开放和交互式的产品设计、生产、品牌化以及销售。终端使用者在电子商务的场景下部分承担了原需由生产企业承担的高附加值业务，在此之前，这些业务活动都是属于领导型企业的核心竞争力。

这里还涉及全球价值链升级研究中一个比较有争议的"进入"问题（Entry Problem）。Tokatli（2013）针对Gereffi、Humphrey等框架创始人的制造业升级理论提出了这样的质疑"在很多经典升级文献中，焦点都在于某价值链创造阶段的'进入'：如果一个制造业企业进入了一项更高附加值的活动，那么就会被假定为这个制造商获得了更高的价值，也就是说这家企业升级了……但是这对于制造商来说是一定的吗？我反而认为这个问题答案往往是否定的。简单地进入了一项更高附加值的活动并不代表企业能够攫取更高的价值，因为这往往伴随着责任（部分或全部）从采购商到生产商的转移"（具体请见Tokatli and Kizikgun, 2009）。在本节中，考察了我国服装制造企业因为更多的消费者参与（基于电子商务，数字经济的嵌入而实现的）能够参与更高附加值的活动，在这种情形下，终端使用者（消费者）正在无偿地承担Tokatli（2013）提到的"被转移的责任"。以广东虎门镇服装制造业为例，制造商仅仅从边际成本很低的直播中就获得了大量的目标消费者对于样衣的反馈。在直播过程中，制造商还进行了品牌化及市场营销，同时根据收集的数据有效地认识消费者并最终落实消费者真实的需求，当然这需要企业架构数据团队与业务团队的有效沟通为前提。因此，本节所论述的制造商在向价值链更高阶段攀升时的的确确是获得了额外的价值。这种相对较低成本的升级也运用了网络平台和社交媒体的作用。因为网络平台（及社交媒体）追求的正是外部信息交互的最大化，从而才能实现其内部利润的最大化，因此每个网络平台都在引导消费者和生产者交换尽可能多的共享信息，这也进一步降低了企业的成本、解除了部分企业获取价值的障碍。

必须要承认的是,电子商务对服装制造企业来说,绝不是万能的。激烈的竞争、终端使用者从采购商或者生产商那获得更多的权利、新的市场对企业管理提出更高的要求等都是因其而带来的。但是,数字经济时代的事实是互联网经营是必然的趋势,并会成为新常态。企业想要立足并发展,就不得不改变原有的经营管理方式,在数字经济时代,企业面临着主动接受或者被动淘汰的单选题(Thimothy 2017)。

从研究角度看,即使有升级失败的案例,也并不意味着在数字经济时代成功的部门的特质不应被记录。尤其是中小企业,不应该被忽视。当然,我们不能使用一个国家一个行业的分析回答"为什么一些企业不能实现升级?"(why are some firms not capable of upgrading)的问题,但正如 Tokatli(2009)所说,"这样的研究指出了一个事实,即企业或行业的升级战略以及此间遇到的升级障碍需要被考察,这是将来进行更深层次研究的极好起点"。毕竟,当中国的服装制造业——这个相对欧洲、美国来说处于全球服装价值链低端的部门——开始掌握高端附加值领域的核心竞争力并实现了升级,这需要详细的记录并对这些变化是如何产生的做专业阐述。

三 实现升级的关键因素

本节的目的之一是理解中国传统的劳动密集型制造业是如何在互联网的运用下实现升级的,并且尝试通过中国案例的实证研究给其他发展中国家一般化运用的建议。在回答这个问题之前,我们需要识别中国服装制造业成功的关键因素。首先需要澄清一个重要事实。正如 Pietrobelli 和 Rabellotti(2011)所言,创新增长并不仅仅被企业自身的态度和行为决定,同时也受到企业运行所处的宏观制度背景影响。在前文已经证实了,中国服装企业的成功部分是由于自身正确的公司战略，选择了合适的升级路径以及杰出的企业家才能。但升级的情况与政府政策、制度、企业的战略、技术以及工人技能等多个因素相关（加里杰里芬 2018）。为了一般化的研究目标计，在此我们从全球价值链分析框架的制度背景出发，探讨引起升级的外部和宏观积极因素。

（一）优秀的平台公司和适宜的数字经济生态

近年来，中国崛起了很多大的互联网公司，不管它们各自最初的领域是什么，它们共同的特质都是相较于传统的实体资产，提供了更廉价的方式无缝对接两端市场（two-sided markets）的参与者。以服装行业电子商务为例，两端市场的参与者分别是从事电子商务的服装企业（e-commerce focused apparel firms）和互联网参与型的消费者（Internet-engaged consumers）并且使得生成、获取和交换大量的信息（数据）成为可能。这些平台公司的根本推动力是网络效应的出现。简而言之，在平台上的使用者越多，平台就越有价值，因为可以获得的数据——核心资产更多了。

中国的平台经济和西方国家的区别在于高度的中央化。目前，中国的头部网购平台多由阿里巴巴及腾讯投资，如淘宝、苏宁易购、闲鱼、天猫都属于阿里旗下。2020年，从用户渗透率排名看，淘宝网的渗透率最高，达到53.3%，其次是京东、拼多多及唯品会，渗透率分别为20.6%、19.4%、15.6%。目前，中国逾六成网购用户将天猫或淘宝作为购买产品时的搜索引擎工具使用（比如搜索某个产品的评分或者评论）。更高的集中度意味着平台生态能够实现更高水平的用户交互以及更深程度的消费者参与。此外，最近几年，中国的互联网公司已经从纯粹的交易平台转向了融合型平台。比如，阿里巴巴目前拥有多个子平台，从在线市场到网络支付再到社交媒体。

对于服装制造商来说，这种转变使得他们具备了更多触动消费以及丰富消费者参与的能力，比如利用直播、社交媒体、视频等。一旦服装企业参与了平台生态，它们升级的能力就被自身及终端使用者的行为共同塑造。因为平台追求的是外部交互的最大化而非一般意义的内部利益最大化，服装制造商在参与更高附加值活动时面临更低的进入门槛。

（二）持续增长的国内市场

中国的经济增长模式是以双重策略作为前提：面向全世界的出口平台以及撬动的巨大国内市场，这同样适用于互联网市场。截至2020年3月，中国有7.1亿网购用户，2019年交易规模达到10.63万亿元，同比增长16.5%。中国的互联网零售需求端已经非常大，但需要看到仍然有大几亿线下用户还未参与其中。中国有数个积极因素可以保证网购需求端的持续扩大：城镇化、增长中的中产阶级和更完善的互联网基础设施建设。

（三）成熟的基础设施建设

中国因收益于庞大的国内交通网络，自2014年以来被称为全世界最大的快递市场，并伴随50%的年均复合增长率（China Post 2017）。为了吸引更多的用户并保持消费者的忠诚度，平台公司也大量投资于仓库管理、IT系统建设以及大数据应用。目前，在中国，1000公里以下的路程中有84.6%的包裹可以在48小时内送达。此外，如前所述，廉价和高速的互联网接入也发挥着重要作用。

中国还有强大的服装制造业基础。这些积极因素都促使平台生态、消费者参与、企业升级的实现。前两者因素通过信息基础治理（infomediary-base）和反馈治理机制（feedback-driven mechanisms）进一步培育了后者。尽管这些因素中，有不少是中国独一无二的，但仍然有可借鉴之处。比如像阿里巴巴这样的支配型平台公司在世界其他地区鲜见,中国服装企业如何使用社交媒体进行品牌建设以及如何让消费者参与产品设计和市场推广等中国经验仍值得学习。再如充分利用跨境电商联结国际市场等。技术设施建设和强大的制造业基础因素涉及中期,甚至长期的政府决策以及市场的充分运行。

四 小结

本节研究的核心问题是:数字经济时代电子商务在哪些环节以及在多大程度上使得参与型消费者替代了厂商的职能从而造就了厂商的升级?并且在此过程中,由于平台型公司的出现,过去以垂直化和网络化为中心的治理模式是否正在向以平台为中心转变?

本节的分析显示,电子商务对传统购衣模式的打破类似于过去大规模生产和商场对地方裁缝铺和成衣制作的取代。由于数字经济的出现,直接接触消费者变得可能。如果一个服装企业想要攀升为OBM,它不再需要实地投资海外市场的门店,也不再需要在当地建立设计或仓储中心。此外,互联网较传统的营销成本更低,更能直接接触到目标群体。

从政策支持来看,中国已经投资了大多数互联网发展需要的元素。中国鼓励企业和消费者使用互联网技术从事商业活动(比如"大众创业、万众创新"),并提供必要的能支撑大量网络用户的基础设置,完善交通网络满足物流业和快递业的发展。中国强大的制造业基础也是数字经济快速发展的重要先决条件。没有生产低价高质量产品的能力,数字经济无法施加它的影响力。正如中国的老话所讲,犹如无源之水、无本之木。

从价值链升级的角度来看,中国服装制造业的案例表明了因为数字经济出现的一系列新商业模式和升级路径。尤其是中小型企业,它们在实现功能性升级和终端市场升级方面获得最大的利益。凭借与全球消费者建立直接的联系，用较低的价格进行营销和品牌化，中小型企业在进入高附加值活动时面临了更少的障碍、更多的助益，即便这种升级目前更多在区域价值链中而非全球价值链中，一些顶尖的本土企业已经可以依靠电子商务融入区域价值链（比如跨境电商）。这种借力可以降低本土企业的风险和准入壁垒。

中国服装制造业证明了平台公司和参与型消费者在数字经济时代制造业升级时所扮演的重要作用，这些都是基于互联网嵌入以及电子商务适用的，毋庸置疑的是，数字经济在提升制造业方面有巨大的潜力。"参与型消费者"和"参与电子商务的服装制造商"作为平台公司建立的两端市场的需求端和供给端，一个新的治理类型——消费者反馈治理结构在中国的服装价值链中形成。

第二节　数字经济重塑制造业全球价值链

一　新"微笑曲线"理论——增加值分配结构演变

数字经济时代，在升级路径和治理转变的基础上，全球价值链的增加值分配出现了过去所没有的一些新的变化。这些新的变化要求有新的角度和范式来理解生产活动、竞争模式，并为那些试图提升国际产业地位的国家展示新的发展机遇和挑战。

所谓增加值的分配，具体而言，是在全球价值链不同阶段、不同地理位置和不同规模的参与者之间的增加值分配。这一领域比较有名的理论是"微笑曲线"（Smiling Curve）。1992年，宏碁首席执行官施振荣开始将公司的重心从制造业转向开发以及服务，并加强宏碁品牌建设，他首先提出了"微笑曲线"的理念。他把这个结构称为"微笑曲线",因为"高附加值位于曲线的两端,分别是价值链的上游和下游,而中间的加工组装部门处于'微笑曲线'中端,是最低增值部分",现在这一理论已经成为普遍的观察。Gereffi 和 Fernandez-stark（2016）指出全球价值链中经济升级的主要挑战,是界定在何种条件下发展中国家和发达国家及其企业能够实现"价值链攀升",即从基于廉价和非熟练劳动力的基本组装活动升级到从事更高级的"全包"供应和一体化制造。但是,高附加值活动更多地集中在生产前和生产后的制造服务上,这对于东道国实施恰当的劳动力发展战略以在当地提供这些服务构成了挑战。

从全球价值链的角度来看,"微笑曲线"描绘了领先企业外包低附加值活动的能力,也就是说,跨国公司界定了自身的核心竞争力,集中在创新、产品战略、市场营销以及制造与服务的高附加值环节,减少了对一般性服务和批量生产这种"非核心"业务的直接持有。一如很多现实证据,全球价值链中控制品牌和生产概念的公司（比如 Apple）和提供核心技术及高级组件的领导型企业（比如 Windows）通常获取更多利润。与此同时,合同制造商和业务流程外包供应商往往赚取微薄的利润。传统观念认为,它们可能永远难以获得发展和推广自有品牌产品的自主性或能力。Cattaneo 等（2010）认为当前的全球价值链分配结构已渐趋稳固,那些控制全球采购网络的大型跨国制造商、零售商和经销商,都宣称它们需要数量更少、规模更大和能力更强的供应商。

但本书认同,在数字经济时代,这个新的历史十字路口,制造业全球价值链的增加值分配结构——传统的"微笑曲线"理论,借助全新的技术变革,可能出现两种演变,并因此给决策者带来新的机遇与挑战,机遇是于新兴经济体而言,如何借助数字化成为全球生产主要的驱动者和价值获得者；挑战是于发达经济体而言,如何保持其过去的领先地位。

图 3-5 展现了传统的"微笑曲线"可能的变化。实线代表经典的增加值分配结构，即发达国主要从事全球生产分工中的高附加值活动（非生产环节），发展中国家主要从事全球生产分工中的低附加值活动（生产与组装）。虚线和箭头则代表了增加值分配结构的可能变化，主要体现在"微笑曲线"的曲度变化和曲线本身位置上下移动两方面。

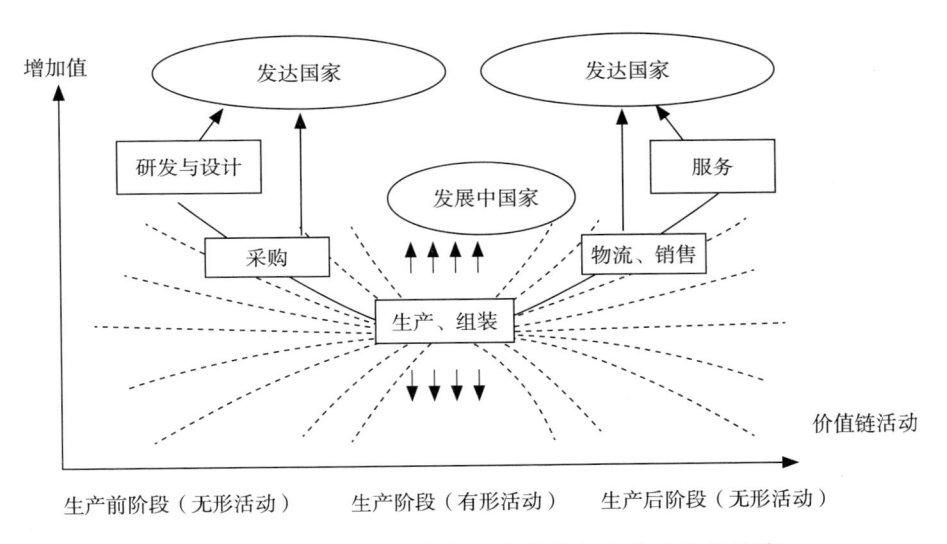

图3-5　制造业全球价值链可能的增加值分配结构演变

资料来源：基于Gereffi and Frederick (2016)。

数字生产技术的嵌入将会给全球价值链增加值分配结构带来两种可能的变化。第一种本文将其定义为互补型融入，第二种将其定义为替代型融入。所谓互补型（如图 3-6 所示），就是将数字经济的生产要素与全球分工中的非生产活动联系起来，用信息化、数字化的先进技术去补充传统的非生产增值活动，比如将互联网与销售结合，用增材制造（3D 打印）进行研发，用社交媒体做市场营销等，使得原就获取高收益的无形生产环节因先进生产技术的采用或提高效率或节约成本而进一步获得更高的收益。因此，"微笑曲线"的曲度加剧，有形生产环节和无形生产环节的增加值差距加大。这将为一直处于生产和组装环节的经济行为体带来两点负面影响：（1）获取的收益愈加压缩，不利于生产的扩大、贸易的增长；（2）向全球价值链高端攀升的难度加剧，劣势地位被进一步固化。

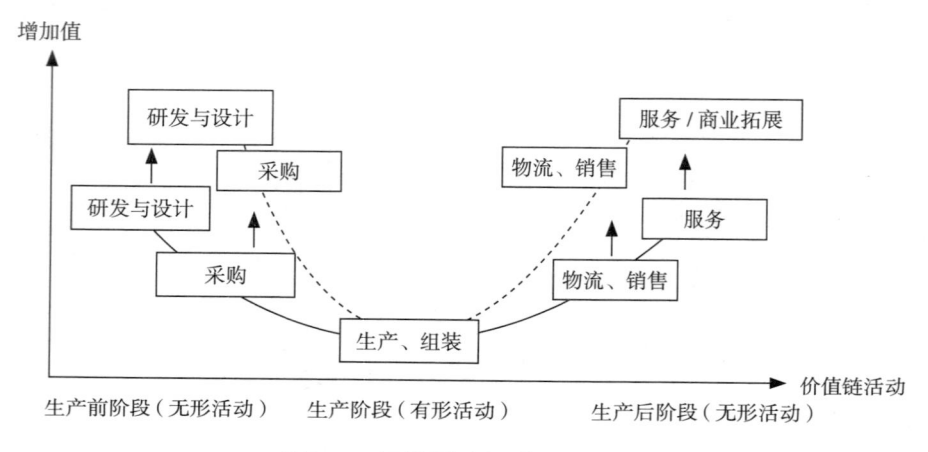

图3-6　互补型融入增加值分配

资料来源：基于Gereffi and Fernandez-stark（2016）和Rehnberg and Ponte（2017）。

另一种可能的增加值分配结构变化是当数字经济生产要素替代型融入生产环节时发生（如图3-7所示），意味着生产要素直接进入原来的有形生产和组装环节，或代替大规模流水线作业，或代替密集廉价劳动力，比如用增材技术"打印"产品。使得原本获取较低收益的生产环节因高科技的植入或提高效率或节约成本或增加价值而获得较多的收益分配。因此，"微笑曲线"的曲度变缓，有形生产和无形生产环节的增加值差距减弱。与此同时，在两种"微笑曲线"曲度变化的同时，原全球价值链的环节也会发生变化，比如在替代型融入中，由于空间维度的变化，物流环节或被彻底取代。

图3-7 替代型融入增加值分配

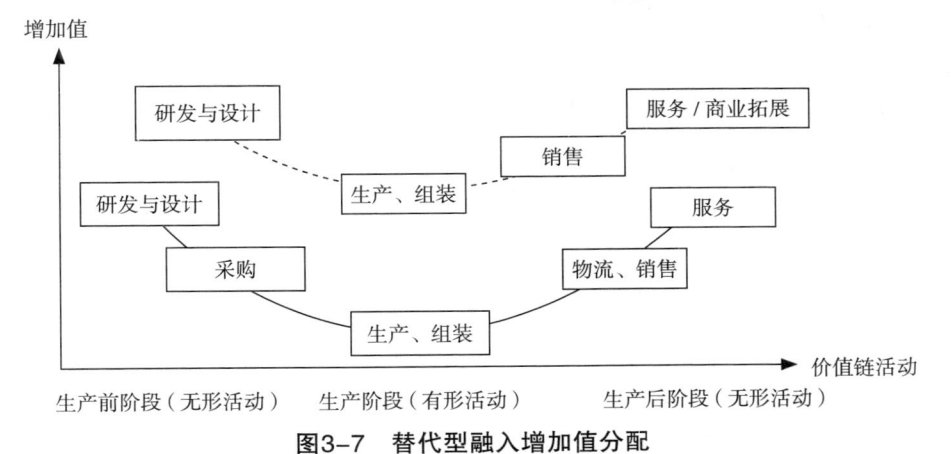

资料来源：基于Gereffi and Fernandez-stark（2016）和Rehnberg and Ponte（2017）。

二 以增材制造为例

接下来，本节将以增材制造技术嵌入制造业为例论证数字化驱动的升级路径以及由此引发的治理结构和增加值分配结构的演变。

增材制造，又称 3D 打印（3D Printing）技术，历来被认为是数字经济时代的一项革命性的技术，是一种可以改变时间和空间双重维度生产组织的方式，对地理和生产活动规模具有重要的再分配效应。它对经济影响的深远程度可能与工业革命时期的蒸汽机，19 世纪 40 年代的印刷机，50 年代的晶体管一样，它的迅速发展对每个相关领域都将产生巨大的影响。本节将研究数字经济时代增材技术的广泛应用对制造业全球价值链增加值的分配结构以及升级、治理的影响。

19 世纪蒸汽机的广泛应用，改变了运输和制造业的经济活动方式，使得生产与消费的空间分离成为可能。20 世纪下半叶的信息和通信技术（ICT）促进了全球外包和制造业外包，使得全球价值链中的经济活动分散于全球，这种分散集中在"领导型企业"的治理之下。

互联网的出现推动了全球价值链进一步的结构调整，服务外包大幅度增长。数字经济嵌入价值链，自动化制造技术比如 3D 打印等的快速发展正在引发新的价值链重组变化。那么从全球价值链治理角度，增材制造技术是会巩固全球价值链中的现有结构关系和权力分配，还是会产生不同的效应？会促进升级或阻碍升级（降级）？是否有提高制造业增加高附加值的可能性？

本节的结论是，将增材技术运用于制造业可能会令全球价值链的治理出现较大的变化，例如从"单极"转向"双极"或"多极"。原因在于，如前文所述，全球价值链理论中原本的"采购商"和"生产商"定义因为技术进步有所改变，并在区域或地方环境中重新被定义（Bair and Werner 2011），从而导致全球价值链中更加细分化、复杂化和多元化的管理，这就给原本处于全球价值链被治理一端的国家、地区或行业带来难得的发展机遇。在此之前，先简单回顾一下增材技术本身的发展。

（一）数字经济时代的增材制造技术

增材制造，是通过逐层沉积材料以形成三维物体的过程。通过不同的技术（如粉末床融合或片层压），增材制造可以应用于各种材料，如塑料、金属、陶瓷和玻璃。增材制造与传统制造技术的差别主要在于其附加性以及指定所涉产品的数字文件，这使得印刷过程自动化，让生产复杂精密产品变得更加容易。增材制造技术的第一个版本是 20 世纪 80 年代后期在得克萨斯州大学开发成功的，直到 2005 年之前，增材制造仍然是一种主要被大企业工程师使用的技术。2019 年，全球 3D 打印产业规模已达到 119.56 亿元，增长率为 29.9%。

增材制造的快速发展不仅源于技术进步，也与制造业的经营模式转变相关。在经营模式方面，增材制造嵌入制造业可以从更加关注服务相关增值活动的背景下理解，也就是制造业"服务化"和"智能化"，把生产的各个阶段和"服务""智能"交织在一起。当我们把 3D 打印、机器人、大数据和物联网综合在一起，这更加反映了制造业数字化的一个大趋势，通过基于数据的制造，产品更接近需求。此外，数据越来越多地通过跨平台实现链接和共享，从而实现跨业务协作，开放的资源平台在推广这项技术的制造业使用方面发挥了重要作用。

增材制造在中国发展得如何呢？中国是世界大规模制造的中心，现在也正在广泛应用 3D 打印。2019 年，美国 3D 打印产业规模占全球比重为 40.4%，德国是仅次于美国的第二大 3D 打印设备供应商，产业规模占全球比重为 22.5%，中国 3D 产业规模占全球比重为 18.6%，日本、英国分别占全球产业规模的 8.2%、6.3%。在世界其他国家，增材制造也得到了较大的政策扶持。

（二）增材技术嵌入制造业的价值链升级路径

近来关于增材制造的文献研究了该技术的发展，以及它为创新过程提供的经验及其对产业结构和地理位置的实际影响（Berman 2012; D'Aveni 2015; Garrett 2014; Gress and Kalafsky 2015; Khajavi et al. 2014; Kietzmann et al. 2015; Laplume et al. 2016）。这些文献大部分都强调了增材制造将会给制造业带来的革命性变化，比如个人使用会替代部分工厂运营，使得生产更接近消费。Laplume（2016）表明 3D 打印的影响在不同的行业可能会有所不同，特别是那些制造材料在技术上可用于增材制造的行业，以及规模经济较低、定制需求高、自动化程度低的部门。在这些行业，可能会看到较短的价值链，即生产环节的减少以及中间零配件贸易的减少，这会使得产业结构在地理上更加分散——因此当地生产者的密集网络可能与最终用户邻近。本章将分别考察增材制造在制造业全球价值链前期，中期和后期的具体运用以及可能的升级路径。

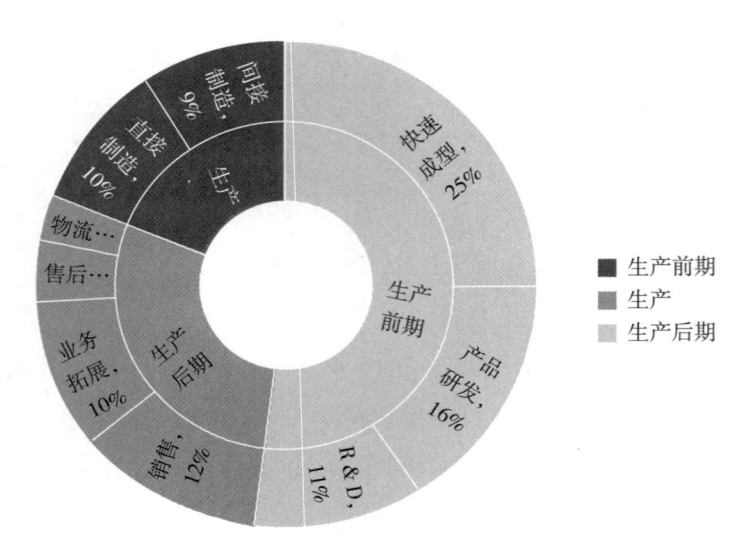

数字经济与制造业全球价值链攀升：
理论、实践与政策

图3-8 制造业价值链增材制造运用的分布（2014年）

资料来源：基于Gartner (2014)。

增材制造的运用率和使用模式在不同部门的全球价值链之间差异很大，常见的如航空航天、医疗、国防、汽车制造等行业，并且差异性随着不同部门不同价值链阶段的运用而有所不同，但总体来说，在生产前期作为原型制作和产品开发的运用更为常见。

在接下来的论述中，本节将详细阐述增材技术在制造业生产全过程中的应用以及运用增材制造可能形成的升级轨迹，并以汽车制造业和航空航天制造业为主进行举例论证。

1. 研发环节

增材制造的叠层分层工艺可以实现复杂的结构和设计的标准化生产。例如，将比金属更坚固的碳注入塑料，以及对外部环境做出反应的纳米生物和活性材料来增强材料的硬度。从这个角度来看，增材制造在研发领域的采用显然与产品升级路径有关，因为"进入了更复杂的产品线"。

因此，要想增材制造成功运用于研发活动，关键就是要设计出新的标准以适用新结构和新材料。在汽车制造业全球价值链中，有许多企业向外寻求合作以共同开发增材制造的运用。比如，雪铁龙与 3D 打印超级轿跑 Blade 的开发公司 Divergent 合作开发跑车生产线以降低雪铁龙汽车零部件的成本。在航空航天制造业全球价值链中，通用航空与增材制造的领先供应商保持密切的合作，在每年举办一次的"黑客马拉松"比赛中，GE 邀请全球的设计师参与现有 GE 产品的重新设计。这意味着，除了产品升级之外，3D 打印还可以提供链条间升级的机会，即企业可以进入另一个相关产业的新全球价值链。

2. 成型环节

增材制造在快速成型阶段的运用率高于其他价值链阶段的运用率主要有三个原因。第一，节约成本。一台用于快速成型的 3D 打印机成本可能只有几百美元。相较之下，传统的快速成型机可能花费高达 50 万美元。第二，增材制造具有易用性，这归功于高端控制系统（High End System）和低端控制系统（Low End System）中的集成设计软件。尤其是低端控制系统，该软件可以通过公开访问平台或设计软件的廉价制作。第三，较低的价格和较友好的使用既缩短了设计的时间也缩短了产品上市的时间。由于成本和耗时的降低，制造业部门倾向于在生产前端使用增材制造。航空制造业的一个例子是燃气涡轮研究机构（GTRE Group），该机构使用 3D 技术对各种燃气轮机部件进行原型设计，大大降低了成本，缩短了原型制造的时间。

汽车制造业中比如通用汽车的快速成型中心（Rapid Prototyping Centre），自运用增材制造以来，该中心的生产量翻了一番。正如 Kietzmann（2015）指出："快速成型的速度和便利性，使得大小企业更加灵活。在一夜之间 3D 打印就可以生产不同版本的产品，进行测试，并立即生产改进版本。"这就意味着采用增材制造进行快速成型的公司可以实现流程升级和功能升级，有时甚至可以将之前的外包业务带回内部。此外，快速成型的较低成本也有利于促进链条间升级，即在某个全球价值链中获得的竞争力用于进入另一个部门的全球价值链。

3. 开发环节

在航空航天制造业，前文提到用增材制造的 GE 燃料喷嘴就是很好的例证，3D 打印出的产品强化重量比之前提高了五倍，产品寿命周期延长了五倍，而且零件重量减轻了 25%。因此，增材制造既可用于改善现有产品的性质，又可用于"更有效地将投入转化为产出"。和传统的制造技术相比，增材制造分层的特性可以节省高达 90% 的材料浪费。虽然目前增材制造的原材料比传统制造更昂贵，但是节省生产材料可以使其在某些应用中更具有竞争力，特别是在生产高价材料的零件时，如钛、黄金和其他贵金属材料。例如，在汽车制造业中，Conflux Technology 公司使用增材制造为 F1 赛车制作了一种新的热交换器，它具备普通热交换器的功能，却只有其一半的重量。该热交换器可以把热能从一个空间移出或者移入，它不仅在 F1 赛车中非常重要，在其他领域内诸如包括航空航天、化学制造、制冷等也有应用。

4. 生产环节

由于分层材料有限，高端系统购置成本昂贵等因素，增材制造直接用于生产环节还相对困难。但与此同时，与传统制造业相比，增材制造不需要规模经济就能带来正的投资回报。因此，在条件满足的情况下，企业运用增材制造的速度可以非常快，比如美国助听器行业在不到 500 天的时间内就达到了百分之百的 3D 打印生产，并且"没有一家公司坚持传统的制造方法还能存活下来"。

Airbus 于 2016 年与 Ludwig Bolköw Campus 公司合作在德国设立 3D 打印中心，号称"航空航天工厂"（Aerospace Factory），这座"航空航天工厂"将研究各种增材制造在航空航天领域的应用并推动其发展成熟。通过小批量、多批次打印高度复杂的设计，每件零件的边际成本很低或无边际成本，这就会降低制造业固定投资。例如，在航空航天制造业，通用电气的 3DP 燃料喷嘴的批量生产将使制造成本降低

75%。总的来说，虽然增材制造促进制造业流程升级有明显的可能性，但其成效也与功能升级能否成功挂钩。

增材制造在间接生产方面也有重要作用，主要是有利于生产阶段的减少，消除或减少了直接生产中的组装环节。即便某些增材制造的零件需要组装（例如旋转或多材料零件），也可以显著减少后期生产活动所需的组件过程，因此也减少了生产对机床的需求。最后，一些3D打印机也可以自己打印备件。因此，对于资产密集型和专业化劳动型的产品，采用增材制造可以实现流程升级，甚至减少传统生产所需的一些流程（Appleyard 2015）。在汽车制造业全球价值链中，增材制造技术现在已经整合到宝马汽车的制造中，用于生产后来用于铸造的模具和型芯，宝马以此来补充传统制造技术。在航空航天制造业，增材制造被Aurora Flight Science用于生产的专用工具，大大缩短了交货时间，从几个月减少至几天甚至几个小时。

5. 物流环节

目前，通过采用增材制造已实现产品升级的物流企业有UPS、DHL和Amazon。UPS将几个现有的机场仓库变成小型打印工厂，在那使用增材制造根据需要为客户生产定制的零件。此外，在本地使用增材制造还可以作为绕过进口壁垒的一种方式（Laplume et al. 2016）。

6. 服务环节

增材制造在售后服务方面的应用可以缩短专业部件的交付周期。例如，Airbus曾需要一种特定的塑料安全带支架，而最初的供应商已经不在了，零件的模具也已丢失，重建它们需要花费大约数千美元。于是，Airbus在两个小时内用计算机重新设计了该产品并通过3D打印，一周后就恢复了该零件的正常供应。此外，对于大多数制造业而言，将增材制造嵌入生产环节可以降低最终产品的重量，因此降低终端客户的燃料成本；更强大的零部件还可以有利于减少产品生命周期中所需的大修次数。

8. 交叉环节

当增材制造运用于产品制造的价值链中，就有可能"通过利用当前链中获得的技能进入一个新的价值链中"。这里存在着两种链条间升级的路径。第一种正如前文所述，譬如大型快递公司诸如 DHL 和 UPS 现都进入了生产领域，凭借增材制造调整它们现有的商业模式。虽然它们的传统核心竞争力是将产品从目的地 A 运送到目的地 B，但未来的商业模式是否还需要实际的物流运输呢？抑或是直接在目的地 B 生产产品。

另一种链条间升级的路径是原本仅从事增材制造研发的企业进入传统制造业领域。比如，2013 年，Airbus 创建了名为 APWorks 的咨询部门，以扩大在其他行业的航空航天技术的使用。APWorks 既是专利技术的外售渠道，也为 Airbus 实现了链条间的升级，现已成功地将公司原开发技术嵌入机器人、机械工程、医疗乃至汽车行业。在增材制造方面，APWorks 加入了 3DHubs[①]，该平台使空客自身的 3D 打印相关硬件可被外界获取。3DHubs 最初是面向全球私人使用增材制造的 C2C 平台。如今，3DHubs 连接着全球超过 30000 台 3D 打印机，已打印零配件约 117 万件，平均交货时间为两天，使得即时生产成为现实（3DHubs 2016）。像这样的平台可以实现低成本制造，这可以显著降低许多行业的进入门槛。

三 小结

本节用数字经济时代的增材制造为例，探索性地研究了工业制造业可能的升级路径及由此带来的治理和"微笑曲线"的演变。本节的结论分析了全球价值链分配结构的两种潜在变化，这不论是对于全球

---

① https://www.3dhubs.com/.

价值链本身，还是对于经济行为体——发展中国家政府与企业、发达国家政府与企业的战略都具有重要的影响。

虽然现在断言哪种变化会最终出现仍然为时尚早，但可以肯定是，即使在数字经济时代，全球化的收益分配仍然是不均衡的，更高的增加值总是会流向技能水平更高、信息化、数字化水平更高、教育水平更高和在治理上更有权力的国家。但是，包括中国、印度等在内的新兴经济体制造业可以借助数字经济，从中受益，至少目前正部分地在发生着一种质变。但这也不意味着新兴经济体在数字经济时代的发展机会就会自然而然地得到改善，除非它们能及时地抓住制造业数字化机遇，设计出能提升自身发展能力的制度和政策方案。

第三节　升级战略——本地制度发挥促进效应

全球价值链研究范式下的制度框架所界定的是本地、国家和国际层面的条件和政策如何塑造价值链每个阶段的全球化。全球价值链嵌入本地经济、社会和制度变动之中，所以，是否能成功融入全球价值链以及融入后能达到的水平都高度依赖这些本地条件。

事实也证明，全球价值链的分析框架综合考虑了生产水平、基础设施、商业化境、产业制度化等因素，是为各国政府制定经济发展和具体产业升级政策提供建议的有效工具。如今，这一框架已经被世界各国广泛应用，来界定哪些会对发展中国家能否满足全球价值链要求构成影响的本地因素。

本地制度建设中的产业政策主要包括两种不同的类型：影响整个国民经济的"水平型"产业政策；针对特定行业或部门的"选择型"（或"垂直型"）产业政策。"水平型"产业政策侧重于提升国家经济竞争力的基础部分，比如教育、健康、基础设施和研发支出等。虽然这些领域为私人投资者提供了极有吸引力的机会，但公共部门通常将上述内容作为公共产品广泛提供。"选择型"（或"垂直型"）产业政策主要与国家优先发展的特定行业和活动有关。前述以电子商务促进制造业升级为例探讨了第一种类型产业政策的作用；本节的分析重点是第二种类型的产业政策，即各国为了发展制造业数字化这个特定的目标进行的特定制度建设。

一 研究框架

自 2008 年国际金融危机以来，全球经济正在发生根本性的改变，对那些想要改善全球价值链地位或者保持长期高速发展的国家来说，实现全球价值链的升级没有简单的答案。但就像蒸汽机引领工业革命，信息通信技术引发信息革命，数字经济之于全球制造业有望成为答案之一。近几十年来，国家和地区的发展模式受到越来越多的关注，各国都在试图确定哪些政策和制度能为长期的发展和繁荣创造最好的机会，而结合数字经济时期，也就需要探索促进数字经济嵌入制造业的战略和政策。

在国际组织层面，基于数字经济对经济发展的重要作用，World Bank、World Economic Forum、OECD、APEC、G20 等国际组织正尝试通过各种举措，大力推进数字经济的发展。比如，2016 年 7 月，World Economic Forum 发布《2016 年全球信息技术报告——数字经济时代的创新》，提出当今世界正在进入第四次工业革命，随着人类使用人工智能、3D 打印技术、能量存储和量子计算等新技术的能力越来越强，人类社会未来将会有更高水平的发展潜能，国家、企业和个人的未来将比以往任何时候更加取决于应用数字技术的水平与程度。

《2017 年 OECD 数字经济展望》报告中提到，数字变革拥有刺激经济的潜力，在全球议程上处于重要位置，并针对人工智能、数字创新推动生产和贸易的变革等重要议题提出了若干政策建议。亚太经合组织早在2002年，为了在全球范围内制定有效的贸易法规，促进全球网络化贸易环境建设，在APEC第十次领导人非正式会议中，首次为贸易于数字经济制定了政策框架，并在16个成员中率先执行。G20在2016年杭州峰会上，将"数字经济"列为创新增长蓝图中的一项重要议题，探讨了共同利用数字机遇、应对挑战，推动经济实现包容性增长和发展的路径。中国作为此次G20主席国，成立了G20数字经济工作组，形成了《G20数字经济发展与合作倡议》，这也是全球首个由多国领导人共同签署的数字经济政策文件。

而在制造业数字化转型方面，自2008年以来，主要的发达经济体都开始反思制造业政策，反思"后工业化"战略，重视制造业成为国际金融危机后大国实现经济复苏的关键。全球新一轮产业变革，沿着数字化、网络化和智能化的方向跃升。本节将通过对美国、日本、德国的本地制度建设的比较分析，从政府角度探讨如何放大数字化对制造业的促进效应，加快数字经济与制造业融合这一问题。为了更清晰地进行阐述，本节设计以下研究框架（如图3-9所示）。研究框架包括两个层次，三个部分。

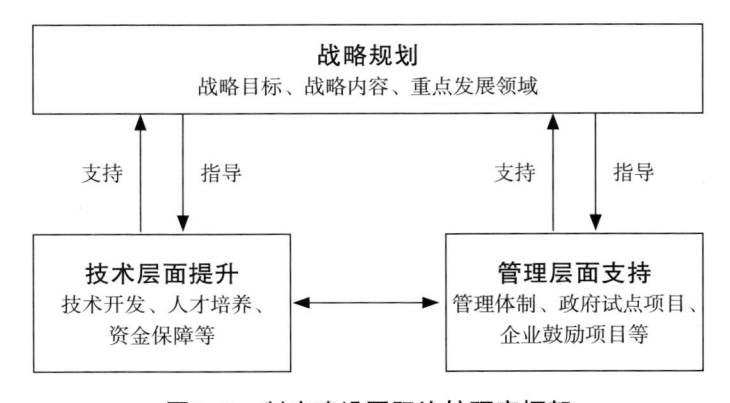

图3-9 制度建设国际比较研究框架

两个层次是总体制造业数字化战略规划层次和其他相关的支撑性政策制度层次。三个方面是从战略规划、技术层面提升和管理层面支持三个维度比较分析各国的政策着力点。"战略规划"包括各国战略目标、战略内容、重点发展领域及相关的管理体制等;"技术层面提升"是指各国在实施制造业数字化战略时在技术方面的政策措施,具体有资金保障、人才培养、相关技术开发等;"管理层面支持"是指各国在实施制造业数字化战略时在管理方面的政策措施,具体有政府项目试点规划、商业项目支持政策等。

二 发达国家制造业数字化战略国际比较

(一)战略规划国际比较

早在 2011 年,美国总统科技顾问委员会就在《确保美国在先进制造业中的领导地位》(President's Council of Advisors on Science and Technology 2011)报告中提出,尽管美国在制造业中已经保持了 100 年的领先地位,但在过去十年中,不仅在低技术产品,在尖端技术产品制造方面,比如电脑、显示器等,美国也出现了衰弱趋势,这极大损害了美国的创新控制力。因此,该委员会提出通过倾斜的税收和产业政策以创造最好的创新培育以及通过政府投资克服市场失灵以保证新技术得以发展,科技型企业得以繁荣,将各领域先进技术与工业制造业技术相结合,推动再工业化,以期长久保持美国在制造业的优势地位。从 2009 年到 2012 年,奥巴马政府先后推出了"购买美国货""内保就业促进"等倡议活动,同时在宏观层面制定了多项法案、规划,为美国制造业智能化升级提供助力。

"二战"后,日本工业依靠承接西方低端制造业转移而迅速实现了原始资本积累,随着劳动力成本的快速上升,日本工业智能化升级的进程也随之启动。1971年，日本颁布《机电法》，确定了工业机器人制造业为重点领域发展对象，并规定了应用对象行业和种类，初步奠定产业基础。随后，日本经济产业省（METI）将先进制造业数字转型确定为日本主要发展领域之一，重点发展领域包括物联网相关技术和智能工厂应用。

德国对制造产业的智能化极为重视，早在20世纪90年代初期，德国政府面对制造业竞争实力下滑的窘境，制订了名为"生产2000"的产业计划，以帮助德国制造业智能化的发展。德国政府力求通过这一计划达到对德国制造业产业发展的多重目的，其中包括增强德国制造业研究水平；确保并提高德国制造业在国际市场竞争中的地位；提高德国制造业企业对市场的适应能力等。2006年，"高技术战略"的提出代表德国开始将尖端科学技术与创新相结合作为国家战略实施，这项倡议涵盖了德国所有的政府部门。2010年，"高技术战略2020"发布，并提出了德国将要在以下几个领域成为以科技为动力的领导者：气候、健康、安全、移动、通信，并定义了包括工业4.0在内的十大未来领域，制定了具体的创新战略和实施路线图，使工业和科研联盟瞄准10—15年的中期科学和技术发展目标，旨在使德国成为向全球性挑战提供解决方案的领导者。2012年，德国推出《高科技战略行动计划》，决定在2012—2015年投资84亿欧元，推动《德国2020高科技战略》框架下10项未来研究项目。德国在2014年德国外贸和联邦投资署发布的《工业4.0——面向未来的智能制造》一文中正式提出工业4.0概念，工业4.0被定义为德国《高技术战略2020》行动计划的十个"未来项目"之一，目前也已上升为德国的国家战略。

表 3-7　　　　　　　　　　　　战略规划国际比较

国家	政策	颁布时间	政策内容
美国	《重振美国制造业框架》	2009 年	从 7 个方面构建总体思路和政策框架：为工人创造提升工作技能的机会；对技术创新和商业活动提供投资；发展资本市场；帮助社区和工人赢得未来；投资交通基础设施等
	《先进制造伙伴计划》	2011 年	聚合工业界、高校和联邦政府为可创造高品质制造业工作机会以及提高美国全球竞争力的新兴技术进行投资，这些技术（如信息技术、生物技术、纳米技术）将帮助美国的制造商降低成本、提高品质、加快产品研发速度，从而提供良好的就业机会。该计划利用了目前现有项目和议案，将投资 5 亿多美元推动这项工作。投资将涉及以下关键领域：打造关键国家安全工业的国内制造能力；缩短研制先进材料（用于制造产品）所需的时间；确立美国在下一代机器人技术领域的领导地位；提高生产过程中的能源效率；研发可大幅度缩短产品设计、制造与试验所需时间的新技术
	《先进制造业国家战略计划》	2012 年	明确了美国先进制造业促进的三大原则：一、完善先进制造业创新政策；二、加强"产业公地"建设；三、优化政府投资，并提出五大目标（1. 加快中小企业投资；2. 提高劳动技能；3. 建立健全伙伴关系；4. 调整优化政府投资；5. 加大研发投资力度）
日本	《机电法》	1971 年	规定了工业机器人制造业的应用对象和种类，奠定了产业基础
	《面向 2020 年的 ICT 综合战略》	2013 年	2013—2020 年以发展开放公共数据和大数据为核心的日本新 IT 国家战略，把日本建设成为一个具有"世界最高水准的广泛运用信息产业技术的社会"
德国	"生产 2000"	20 世纪 90 年代	旨在促进制造业智能化发展
	高技术战略	2006 年	将尖端科学技术与创新相结合作为国家战略实施，这项倡议涵盖了德国所有的政府部门
	高技术战略 2020	2010 年	提出了德国将要在以下几个领域成为以科技为动力的领导者：气候、健康、安全、移动、通信，并定义了包括工业 4.0 在内的十大未来领域，制定了具体的创新战略和实施路线图

续表

国家	政策	颁布时间	政策内容
德国	高科技战略行动计划	2012年	决定在2012—2015年投资84亿欧元,推动《德国2020高科技战略》框架下10项未来研究项目

资料来源：根据网上公开资料整理。

（二）技术提升政策的国际比较

各国在技术提升的政策方面主要着力点在资金支持和人才培养上。在财政支持方面，2009年美国在《重振美国制造业框架》（Executive Office of the President 2009）中提出增加"技术创新项目"（Technology Innovation Program）的奖金规模，从2009年的6000万美元增加至2015年的1亿美元，以刺激先进制造业工序和材料的研究。"制造业扩展伙伴关系项目"对中小制造业企业的资金支持从2008年的9000万美元增加至2015年的1.8亿美元。2012年美国启动《先进制造业国家战略计划》，推动所谓的制造业回归，提出加速投资中小型制造业企业、加强劳动力技能、建立伙伴合作、提高对先进制造业研发的投资等措施（税收、联邦投资），取得了一定的成效。在2016年的预算中，美国联邦政府研发机构的先进制造项目得到24亿美元的资助。在人才培养方面，美国建立了一系列公私合作伙伴关系，通过成立社区学院、开展学徒计划3项举措，加快推进先进制造业人才培训。其中在学徒计划方面，政府投入7亿美元用于制造业工人的技能培训，使之适应现代化制造业的发展需求。2018年，美国再次发布《美国先进制造业领导战略》，将技术、劳动力、供应链三方面确认为保障先进制造业领导地位的核心要素。

日本为了改善数字研发的融资环境，于1980年由财政投资、日本开发银行融资建立工业机器人租赁制度，并由24家工业机器人制造商、10家保险公司共同出资成立了"日本机器人租赁公司"。1985年，为了支持技术研发，日本实施针对高技术产业的新税制，扣除企业用作研究开发所得费用的7%的税额，促进日本高功能机器人等六个领域的基础技术研究。1991年，日本通产省工业技术院发起了微机器技术研究开发项目，主要研究能在发电厂等复杂的机构及能在生物体内等狭小部位移动的、高度自治作业的微型机器系统。

　　德国的政策更多地表现为政府、企业、科研机构和NGO组织合作落实。比如，德国机械设备制造业联合会、电气与电子行业协会和信息技术、电信和新媒体协会合作设立了德国工业4.0平台和统一网站，并确定"规范与标准、安全、研究与创新"三大主题，旨在推动联邦政府的高科技战略"未来项目：第四次工业革命"的发展，确保推动倡议在协调、跨部门的形式下实施。此外，德国还非常重视技术技能型人才的培养。其中，双元制职业教育起到了至关重要的作用，它被视作"德国制造"的基石和经济腾飞的"秘密武器"。所谓双元制教育，是指受培训人员既是职业学校学生又是企业学徒。以企业培训为主导，企业实践培训和职业学校学习交替进行。据统计，德国有接近企业总数（即培训企业率）22%的企业参与这一教育体系，在规模500人（含）以上的企业中该比例接近90%。由于规模、资金的局限性或工作内容的专业性，中小企业参与培训的比例仅为14%，但是，跨企业培训中心的设立解决了中小企业培训条件不足的问题。在经济领域内，双元制职业教育充分利用自治组织的灵活性，将商会纳入职业教育的全过程之中，包括培训标准的制定、培训过程的实施以及职业能力的考核等。这种学校、企业、商会及政府部门的分工协作机制，不仅为企业培养了实干型技术技能人才，而且能对工业和职业变化做出精确调适。值得注意的是，德国这种重企业实践和校企合作的双元制培养理念也在向高等教育层面渗透。在德国，除研究导向型综合性大学以外，还存在着大量应用科学型大学，这些大学均以企业实践为导向，是高等教育中进行双元制实践的基地。

（三）管理支撑政策的国际比较

由于制造业数字化战略的重要性，各国都给予相当重视并建立高级别的管理支撑体系。2011年，在美国总统科技顾问委员会的推动下，美国成立了"先进制造业伙伴关系引导委员会"（Advanced Manufacturing Partnership Steering Committee），该委员会由20位来自美国本土大企业和知名学府的成员组成，由陶氏化工的CEO Andrew Liveris和麻省理工学院的校长Rafael Reif担任联合主席，是近年来推动美国制造业战略落地的重要机构。该委员会于2012年7月发布了《赢得国内先进制造业竞争优势》报告，并将其作为今后实现美国先进制造业的振兴和可持续发展的全国性框架。美国的"国家制造创新网络"（National Network for Manufacturing Innovation）倡议将工业界、学术界和政府合作"网络"起来，以提高制造业的竞争力。目前，该网络已经拥有8个研究所，其中5个是在美国国家标准与技术研究院的主导下建成的，包括3D打印、数字制造和设计、能源盒子、先进复合材料制造。

德国经济和能源部、教育和研究部于2015年共同启动升级版工业4.0平台建设，接管由上述三大协会负责的工业4.0平台，并在主题和结构上对其重新改造；2015年4月14日，在汉诺威工业博览会上，工业4.0平台正式启动。值得注意的是，工业4.0平台由一个指导委员会、一个经济指导部门以及多个主题工作小组组成。指导委员会是平台的中央协调和管理主体，由三大协会的企业成员组成，负责设置平台的战略方针，任命工作组并指导其工作。同时，指导委员会得到了由制造业、IT、自动化工业和其他行业成员组成的科学咨询委员会的支持。截至2015年11月，经过6个月的扩容，德国工业4.0平台已成为拥有100多家机构、250多名人员的世界上最大、最多样性的工业网络,并已经与行业协会等建立了包括 7000 家企业在内的网络平台。

三 小结

各国经验表明本地制度建设在制造业数字化的过程中发挥了重要作用。以美国为例,美国政府对"制造业回归"的强力推动正在改写着全球制造业格局。从产业发展来看,美国的高端装备、新能源、新材料等产业快速发展。美国的 3D 打印技术也正在走向成熟化、规模化,由 Investing News Network 排名的全球 3D 打印公司中,前三名均来自美国,前 10 位中有 6 家来自美国,其余 4 家分别来自以色列、德国和比利时。制造业创新驱动的特征在美国更为突出。先进制造是美国研发密度最大的领域,生物制药、计算机软硬件、汽车、工业设备、电子电气等都是研发投入较大的部门。不同产业和国家的升级模式各不相同,这取决于价值链的投入产出结构和每个国家的制度环境,美国先进制造业的这些发展成效离不开配套的先进制造业战略和政策。

再以德国为例,"德国制造"一直以来都是高质量的代言。2019 年德国汽车出口占全球出口份额的 18.8%,为世界第一;德国也是世界第一大机械设备出口国;德国有一批世界技术领先的电子工业企业。不同于美国、日本的"规模生产"制造模式,它的高质量发展之路更多表现为"精细化生产"。短短的一百多年时间,德国将统一初期的劣等制品生产国的印象彻底扭转,这离不开德国对科研和工人技术的重视和投入,以及充分发挥企业、科学家、政府以及众多伙伴的协作效应。

通过国际比较分析,不难发现发达国家在制造业数字化战略与政策设计和实施方面有以下几个共同点。

一是给予制造业数字化高度重视，尤其是日本和德国，早在20世纪就出台了一系列国家战略，因此首先需要坚定不移地深入推进国家信息化、互联网+制造业战略。

二是优化制造业数字化发展的市场环境，为企业的数字化之路带来信心，致力于完善财税机制和资助机制。比如日本为了支持机器人技术研发，实施针对高技术产业的优惠税制；再如美国在2016财年，资助先进制造项目24亿美元。

三是发挥多元主体作用。政府与企业、科研机构、非营利组织等社会力量共同合作推进制造业数字化战略的实施。德国工业4.0平台现在拥有100多家机构、250多名科研人员，并已经与行业协会等建立了包括7000家企业在内的网络平台；美国建立公私合作伙伴关系，通过成立社区学院、开展学徒计划两项举措，加快推进先进制造业人才培训。

四是实行严格的工业标准和质量认证体系。这一点以日本的机器人制造业和德国的汽车、电子工业最为突出。

五是以产业为导向，重视用高技术提高工人技能，譬如通过校企合作模式训练在校生。这一点尤其可以借鉴德国的"双轨制"职业教育经验。在企业指导教师的选择上，企业培训指导员必须是经验丰富的高级技工，而不能使校企合作沦为"走过场"。

以上措施对我国进一步实施制造业数字化战略有所启示。埃森哲和国家工业信息安全发展研究中心（工信部电子一所）合作建立了数字化指数模型，将规划、生产等四个维度纳入对我国企业的数字化投资和进展进行量化评估，以衡量企业在整个生产链条上的数字化嵌入水平，该研究选取了我国六大制造业部门中170家上市公司作为样本。结果显示目前我国制造业企业总体数字化水平偏低，提升空间很大。尤其在生产领域，数字化得分差异较大。具体来说，制造业企业对产品生产线上的数字化能力建设投资较多，较为重视（比如柔性化生产的建立）；但是在设计等附加值更高的生产环节中，我国制造业企业还较少利用数字技术研发新产品，这也证明了前文所述的与发达国家将3D打印等嵌入飞机制造业、汽车制造业的设计环节相比，我国还有较大的差距。此外，思科[①]的研究也表明与美国、日本等发达国家相比，大部分国内制造业企业在自动化设备上的投资不足，造成了产品质量不稳定。我国制造业每年因质量问题造成的直接损失达到1700多亿元，因产品质量问题造成下游部门的影响等间接损失超过1万亿元。

因此，制造业数字化对我国而言是迫切且必需的道路，为了更好地在数字经济时代促进制造业从价值链低端向高端跃升，我国政府还有很多工作要做。参照前文论述的美国、日本、德国的制造业数字化战略及相关支撑政策，或可从大力培养数字经济时代所需的复合型技术工人、制定适应新兴技术发展的监管、促进科研机构成果转移转换，加深公共部门、私有部门和第三方部门之间的合作，以协调一致的方式填补数字化技能鸿沟，有规范地进一步释放数据作为生产力的重要力量，并提高企业使用数据的能力和公众对数据被使用的信心方面着手建立或完善本地制度。

---

① 详见 https://www.cisco.com/c/dam/m/zh_cn/internet-of-everything-ioe/industry/pdf/mfg_pov_201701.pdf。

第四章 规则与环境

第一节　全球数字贸易规则演进态势与博弈焦点

全球经济治理体系深刻变革,新一代经贸规则正处在加速重构中。其中,数字贸易规则已成为大国规则竞争和话语权争夺的焦点。目前来看,WTO框架下还未形成统一的数字贸易规则,而以CPTPP、TTIP、USMCA为代表的新一代高标准自由贸易协定中数字贸易规则架构雏形渐现,美日欧亦在WTO改革中力推将数字贸易规则作为诸边谈判重大议题。同时,中美欧基于各自的数据治理体系和各自产业优势,在数字贸易规则关键议题上已形成三角博弈态势。数字贸易是我国具有相对优势的领域,发展潜力巨大,积极参与并主导相关规则向更高层次、更广领域、更具包容性发展是我推动全球治理变革的重要着力点。为此,应把握高标准数字贸易相关规则的演进态势和基本特点,依托相对优势将数字贸易规则谈判作为我国提升国际话语权的优先选项,同时完善国内相关法律法规,在保护数据安全与促进数字贸易发展方面寻求平衡,实现技术发展和规则发展相匹配。

一　数字贸易内涵及界定

美国是最早提出"数字贸易"概念的国家。2013年7月,美国国际贸易委员会(USITC)在《美国与全球经济中的数字贸易Ⅰ》中正式提出了"数字贸易"定义,即通过互联网传输产品和服务的国内商务和国际贸易活动,具体包括四个方面:一是数字化交付内容,如音乐、游戏;二是社交媒体,如社交网络网站、用户评价网站等;三是搜索引擎;四是其他数字化产品和服务,如软件服务、在云端交付的数据服务等。2015年,联合国贸发会议将"电子商务"定义为在线有形实物商品和无形数字商品的销售和购买行为。2017年,美国贸易代表办公室(USTR)发布的《数字贸易的主要障碍》报告认为,"数字贸易"应当是一个广泛的概念,不仅包括实物和服务在互联网上的销售,还包括数据流动、在线智能制造等。

OECD认为,数字贸易是全球化和数字经济发展到一定阶段的产物,全球贸易的发展可划分为传统贸易、全球价值链贸易和数字贸易三个阶段(见表4–1)。

表4–1　　　　　　　　全球贸易发展历经三个阶段

类型	特征	驱动因素	贸易政策议题
传统贸易	跨国界的生产和消费分离;主要涉及最终产品的贸易	运输成本下降	市场准入
全球价值链贸易(GVCs)	企业能够跨越国界分割生产过程,并利用区位比较优势;主要涉及中间商品和服务的贸易;全球生产部分转向新兴经济体	运输和协调成本的持续减少	贸易投资—服务知识关系;贸易便利化,国内或边境后非关税措施
数字化贸易	超链接的新时代:既涉及数字贸易,又涉及传统或GVC贸易;大量小型和低价值的实物商品以及数字服务的贸易;改变了某些服务的不可交易性;将商品和服务捆绑在一起	运输和协调成本的进一步减少;通过数据传输或分享信息的成本大幅下降;全球数字化趋势	上述议题;数据流动;数字连接;互操作性

资料来源:OECD贸易政策报告(第205号)。

当前新一代高标准自贸协定中,如CPTPP、TTIP、USMCA等数字贸易内涵不断扩大,相关规则不仅涵盖了狭义上的网络购物,而且重点关注"数字产品"的贸易,即可以通过电子方式传输的计算机程序、文本、视频、图像、录音等其他数字编码产品的跨境流动。

二 WTO框架下数字贸易规则现状及未来走向

(一) WTO框架下尚未形成数字贸易统一规则

在新的世界格局下,特别是在贸易保护主义蔓延、区域主义盛行、多边贸易体制边缘化的背景下,将成员拉回多边平台,开展内部多边对话是WTO的当务之急。因此,选择对全球贸易发展具有关键意义的新议题,将数字贸易和电子商务等内容列入其重点关注领域,也是协调与多边贸易规则体系之间的矛盾,实现WTO改革的重要路径。

事实上,早在1998年5月,WTO就制订了《电子商务工作计划》。作为工作计划的一部分,要求WTO解决服务贸易理事会和其他WTO委员会提出的核心问题。当时的WTO专家对电子商务的快速发展估计不足,导致了电子商务的统一规则形成远远落后于其本身的发展。

2014年以来,随着数字贸易在主要国家的快速崛起,美国、中国、欧盟等成员提交了讨论议题清单。2014年,美国提交电子商务通报文件,列举了三个亟待解决的问题:一是信息的跨境流动,二是信息本地化存储,三是云计算开放的相关问题。2016年,美国再次提交电子商务非正式文件。在这个文件中,美国首次在多边层面使用了"数字贸易"的概念。2016年11月,中国向WTO提交了"中国关于电子商务的议题",强调要支持"跨境电子商务"的包容性发展。2017年12月,WTO第11次部长级会议上,71个WTO成员方共同发布了《关于电子商务的联合声明》,宣布为将来在WTO谈判与贸易相关的电子商务议题共同启动探索性工作,提出更加具体的议题和路线图。2019年1月25日,中国和澳大利亚、日本、新加坡、美国、欧盟、俄罗斯、巴西、尼日利亚、缅甸等 76 个 WTO 成员签署《关于电子商务的联合声明》，确认有意在 WTO 现有协定和框架基础上，启动与贸易有关的电子商务议题谈判，这也意味着在 WTO 框架下统一数字贸易规则的进程迈出了重要一步。

近年来，美、日、欧关于 WTO 改革的联合声明多次涉及数字贸易议题，其主要内容包括：支持 2017 布宜诺斯艾利斯《关于电子商务的联合声明》和 2019 达沃斯《关于电子商务的联合声明》，反对数字贸易保护，要求加深 WTO 成员对未来数字贸易协议重大经济效益的共识，将努力推动在尽可能多的成员参与下达成高标准协议，将通过促进数据安全来改善商业环境等。

（二）WTO 框架下数字贸易规则尚待解决的议题

一是确定数字贸易相关术语的定义。由于各方对相关术语的理解不同，目前各方提交的文件中，相关术语包括电子商务、跨境电子商务、数字贸易、数字经济等。要推动统一规则的建立，首要任务是对相关术语进行定义，这需要各成员充分沟通与协调。

二是确定数字贸易所在的规则框架。是将数字贸易放在电信服务框架内，还是服务贸易框架内，或者单独设置一个框架，是制定 WTO 数字议题的基础。《服务贸易总协定》虽然涵盖通过电子手段进行的服务贸易，且对作为电子商务基础的电信和金融服务作出了明确承诺，但没有明确涵盖数字贸易、信息流动及其他贸易壁垒。

三是确立数字贸易涉及的基本议题。由于各国在数字贸易方面存在产业发展、国际竞争力和国内规则的显著差异，因此，在数字贸易规则制定中的目标取向不同，因而跨境数据传输的限制程度、个人信息保护的程度都存在差异，是否纳入相关议题，需要各国进行充分的沟通与协商。

四是确定数字贸易领域的例外情况。WTO 各成员国的发展阶段、政治体制、互联网基础设施都存在巨大差异，因为涉及数字贸易领域应有一般例外和安全例外，例如数据的跨境自由流动议题。在服务贸易总协定一般例外和安全例外的基础上根据数字贸易特点进行细化，使规则更具有包容性和可操作性。

五是设立数字贸易的争端解决机制。完善国际数字法，根据数字贸易的特点形成多边框架下的争端解决机制，这部分可以借鉴经合组织等多边框架的成熟做法。经合组织的《电商环境下消费者保护准则》提出成员国应当确保消费者有机会获得替代性争议解决机制，包括在线争议解决系统，可以便利地解决电子商务争议，尤其涉及小额交易和跨境交易的争议。

三　高标准自贸协定中数字贸易规则架构及特点

（一）高标准自贸协定中数字贸易规则架构

1. CPTPP 全面继承了 TPP 关于电子商务的贸易规则

TPP 最早建立了较全面的、水平较高的诸边范围内电子商务的一般规则，CPTPP 完全保留了其核心精神，规则上几乎没有任何变动。

CPTPP 共有 15 条规范电子商务的条款，大体上可以分为四类：一是减少数字贸易壁垒的条款，二是保护网络消费者权益的条款，三是促进数字贸易便利化的条款，四是促进国际电子商务协调合作的条款。

CPTPP 数字贸易核心规则主要有以下几点。一是坚持网络自由开放、禁止对数字产品征收关税、确保贸易伙伴不会采取保护性措施。二是要求贸易伙伴允许跨境信息自由传输，不得强制要求设备本地化。三是认可各国有制定自己监管规则的权力，即当信息跨境自由传输、数据自由存储与实现合理公共政策目标相冲突时，可不遵守相关

"自由"规则。

2. USMCA 提出了更高标准和更宽泛的数字贸易规则

USMCA 数字贸易章节保留了 CPTPP 电子商务章节绝大部分内容，但对几处关键环节进行了修订，体现了 USMCA 更高标准、涵盖范围更广的特征。

从增加内容看，USMCA 在有关数字贸易的定义中增加了算法、政府信息、信息内容提供者、交互信息服务等概念。在有关数字贸易的合作部分，考虑到数字贸易的全球属性，新增了"建立统一平台以帮助缔约方解决有关任何数字贸易合作的问题"的规则。为对接数字贸易的最新发展，规则还新增交互计算机服务、开放政府数据等条款。从删减内容看，USMCA 删除了非歧视待遇条款"本条不适用于广播"的规则，扩大了规制范围。USMCA 有关设备本地化（数据存储本地化）的措辞更加严格，删除了缔约方可以公共政策为理由强制要求设备本地化的例外条款。

3. TTIP 和 TiSA 允许有限制的数据跨境自由流动

美、欧数字贸易谈判的主要目标是创设一个有约束力的框架促进跨大西洋的数字贸易，并进一步将该规则推广为全球化标准。虽然一直以来，美国强调数字贸易的"自由"，而欧盟强调数字贸易的"公平"。但在 TTIP 和 TiSA 谈判过程中，面对美国的压力，欧盟也坚持有限制的跨境数据自由流动，并主张在出于"正当公共政策目标"考虑时，应当允许数据存储本地化。

（二）高标准自贸协定中数字贸易规则特点

1. 将电子商务和数字贸易界定为数字服务贸易的跨境流动

CPTPP 将电子商务界定为"数字产品"的跨境流动。所谓数字产品，即可以通过电子方式传输的计算机程序、文本、视频、图像、录音等数字编码产品。USMCA 在有关数字贸易的定义中增加了算法、政府信息、信息内容提供者、交互信息服务等概念。由此可见，不论是 CPTPP 框架还是 USMCA 框架下以电子方式提供和交付的服务，都不包括基于网络的货物跨境流动，其内涵远小于我国在《电子商务法》中所规定的电子商务是"通过互联网等信息网络销售商品或者提供服务的经营活动"。

2. 强调数据的自由流动

CPTPP 要求各成员国允许跨境信息自由传输，并特别说明跨境信息既包括企业、政府信息，也包括个人信息。但 CPTPP 在一定程度上也认可各国有制定自己监管规则的权力，当信息跨境自由传输与实现合理公共政策目标相冲突，采取的措施不对贸易构成变相限制，且限制的力度未超过必要，可适度突破跨境信息自由传输相应规则的限制。需要注意的是，跨境信息自由流动规则和非歧视待遇规则共同适用，在事实上禁止了政府任意屏蔽网站、限制网络接入的行为。TiSA 和 TTIP 谈判中，欧盟坚持有限制的跨境数据自由流动，并主张在出于"正当公共政策目标"考虑时，应当允许数据存储本地化。USMCA 中美国强调完全的数据自由流动。2019 年以来，美方将 USMCA 定为与日韩、欧盟贸易谈判的参考。2020 年 11 月，英国媒体披露的一份美英谈判记录显示，双方"视数字服务税为一个高级别/政治化而非技术性的议题"而未予深入讨论，重点探讨了"数据自由流通""反对数据本地化""算法保护"等问题。

3. 限制本地存储

CPTPP 要求各成员国不得以强制使用本国境内的存储设施作为准入、准营的条件，意味着供应商无须在其每一个服务市场设置数据中心。但 CPTPP 同样也对数据本地化存储设定了例外条款，认可各国有制定自己监管规则的权力以保障通信的安全和保密的需求，允许当"自由存储"与实现合理公共政策目标相冲突时，强制指定存储位置，前提是采取的措施不对贸易构成变相限制，且限制的力度未超过必要。而 USMCA 有关设备本地化（数据存储本地化）的措辞更加严格，删除了缔约方可以公共政策为理由强制要求设备本地化的例外条款。

4. 反对强制披露源代码

CPTPP 禁止强制供应商在进入成员国市场时向当地政府或商业竞争对手共享或转移软件源代码，前提是该软件不涉及关键基础设施领域。但是，如果在商业合同中双方对源代码的使用另有约定，本条规则可以例外。USMCA 中坚持成员国禁止强制披露企业源代码。

5. 倡导更加开放的互联网

CPTPP 和 USMCA 都规定在遵守一定限度的网络管理的前提下，消费者可以自由选择接入或者使用任意网络服务。在终端设备不损害网络公共安全的条件下，消费者可任意使用终端设备接入网络。相关规则结合消费者隐私保护条款，是为了破除不必要的接入障碍，确保个人信息得到充分保障的同时，消费者可以进入更开放的互联网，有助于增强消费者使用互联网的信心，从而促进电子商务的发展。

表 4-2　　　　　　　　高标准自贸协定数字贸易规则的对比

CPTPP	不得禁止或限制数据跨境自由流通，除非此类限制"对于实现合法的公共政策确有必要"且只能局限于"为达目标之最低限度"
USMCA	针对设备本地化存储和信息跨境流动，做出了更加严格和清晰的规定，明确不得以任何理由强制要求设备本地化； 新增条款反映了美国保护知识产权、保持竞争优势的考虑。例如，新增条款强调了数字贸易领域中小企业持续发展的重要性；明确禁止各国政府以任何理由获取源代码，以保护美国科技企业知识产权
TTIP 和 TiSA	关注个人数据保护，明确提出将确保《欧盟数据保护法》在 TTIP 中依然有效； 有限制的跨境数据自由流动
美、日、欧 WTO 改革联合声明	重申 2017 布宜诺斯艾利斯《电子商务联合声明》和 2019 达沃斯《关于电子商务的联合声明》； 致力于在 WTO 框架下达成尽可能多成员参与的高标准协议； 反对任何形式的数字贸易保护，通过促进数据安全来改善商业环境等

资料来源：笔者整理。

四 数字贸易规则博弈焦点

（一）中美欧数字贸易谈判的焦点

概括而言，数字贸易规则"美式模板"最看重的是数据跨境自由流动、知识产权保护、数据存储非强制本地化、保障网络自由接入等有助于促进数字服务贸易输出的相关规则。

"欧式模板"强调有限制的数据自由流动，认可只有当数据转移目的国达到欧盟所认可的充分保护水平的条件下，才可以进行数据转移。欧盟承认的具有充分数据保护能力的国家仅包括瑞士、加拿大、阿根廷等12个。主张在出于"正当公共政策目标"考虑时，应当允许数据存储本地化，但在和数字技术、数字经济没有那么发达的发展中国家进行磋商时，欧盟则显示了双重标准。例如，欧盟在和越南进行贸易谈判时，不接受对方提出的针对欧盟企业的数据强制本地化要求。再如，在2015年的一份贸易壁垒相关的报告中，欧盟委员会指出俄罗斯强制数据存储本地化的做法是一种贸易壁垒，该报告同时还批评了中国的数据本地化措施。

"中国模板"偏重跨境货物贸易的便利化、规范电子合同的界定、加强政策透明度、改善跨境电商的基础设施和技术条件、消费者隐私保护等。强调数据本地化存储，除海南自贸区和上海临港新片区外，不支持数据的自由流动。

表4-3　　　　　　　中美欧数字贸易规则争议焦点

	目标	争议焦点
中国	树立数字货物贸易中企业和消费者信心	数字贸易中的关税安排
		完善金融支付机制
		消费者保护

续表

	目标	争议焦点
美国	发展自由数字服务贸易	跨境数据自由流动
		网络自由接入
		数据存储非强制本地化
		保护知识产权
欧盟	建立欧盟单一数字市场	区域内数据跨境自由流动
		数据本地化存储"双重标准"
		征收数字服务税

资料来源：Meltzer Josham Maiming the Opportunities of the Internet Trade, 笔者整理。

（二）数字经济比较优势不同是规则博弈的根本原因

美国是数字技术、标准专利、数字内容、商业规则等关键要素的主要输出国。美国的数字经济发展领先全球，也是全球数字贸易最大的参与国和受益者，数字贸易是美国的核心利益。根据美国国际贸易委员会对数字服务产业所做分类，将前述的按市值排在全球前15位的11家美国互联网企业划分为如下几类。（1）数字内容服务提供者。如线上电影租赁提供商Netflix。（2）数字搜索引擎服务提供商。如Google。（3）网络社交媒介提供者。如Facebook、Twitter。（4）基于云计算的互联网服务提供者，如Yahoo，占美国GDP比重高达12%以上。

作为制造业大国的中国在电子商务的供需两端均具有绝对优势。与美国形成鲜明对照的是，我国是制造业大国，同时，在以互联网为代表的信息通信技术的带动下，跨境电商在中国飞速发展。麦肯锡研究报告《中国数字经济如何引领全球新趋势》显示，中国拥有全球最大的电子商务市场，占到全球电商交易总额的40%以上，而在十年前这一比例还不到1%。据测算，中国电商交易额现已超过英、美、日、法、德五国的总和。中国与个人消费相关的第三方移动支付交易额相当于美国的 11 倍。全球十大电商公司中，阿里巴巴以 26.6% 的市场份额成为全球第一电商公司，亚马逊以 13% 的份额排行第二，EBAY 以 4.5% 的份额排在第三，京东商城以 3.8% 的份额排在第四。总体来看，在数字贸易和电子商务领域，我国的比较优势依旧存在于基于互联网、依托大的电商平台所进行的跨境货物贸易。

欧洲在数字经济监管方面世界领先。在数字经济领域，欧洲发展相对落后。2019 年，欧洲经济总量占世界经济总量的 15.77%，然而，欧洲数字企业占全球数字企业总市值不到 4%。根据欧洲顶尖智库布鲁盖尔研究所统计，截至 2019 年 9 月，美国拥有 194 家"独角兽"企业，欧盟仅有 47 家。2018 年，在全球人工智能初创企业 100 家中，只有 4 家来自欧洲。但在规范监管数字经济的发展方面，欧盟却引领全球。欧盟颁布的《通用数据保护条例》几乎成为全球通行标准，目前已有约 120 个国家受其影响，通过了类似法规保护隐私。欧盟之所以能主导规则制定，主要凭借的是欧盟作为人工智能与数字服务重要消费方的地位。欧盟拥有约 5 亿消费者，人工智能企业要想进入欧盟市场，就必须遵守欧盟为保护消费者利益而制定的诸多限制性规则。这种凭借市场力量单方面规范全球市场的能力，被一些学者称为"布鲁塞尔效应"。欧洲市场的重要性，意味着大型科技公司很难避开欧盟监管。对欧盟而言，制定较为严厉的监管规则虽然在一定程度上限制了成员国人工智能的快速发展，但可以有效地保护消费者利益。

（三）数据治理体系差异导致规则难以达成共识

目前，全球尚无统一的与数据隐私保护相关的法律条文。不同国家、不同行业间关于数字保护的法律条例大都从本国的核心利益和贸易政策出发，导致了各国对于数据跨境流动和数据本地存储等数字贸易规则的核心议题持不同立场。

从中美欧各自的数据治理体系来看，欧盟以维护基本数据权利为出发点，核心精神集中体现在《通用数据保护条例》（GDPR）；美国坚持自由市场和强监管并重，以《加州消费者隐私法案》（CCPA）为范本。两种治理模式存在以下差异。

从对个人数据的界定来看，GDPR采取抽象概念定义模式，而CCPA结合抽象定义与不完全列举两种方式，一方面通过抽象定义对个人信息的管辖范围划定边界；另一方面通过具体列举为企业提供了相对明确的判定指引，以试图在一定程度上避免交易双方对"个人数据"范围达不成一致的情况，也可以针对诸如面部识别、声纹识别、虹膜识别等新技术领域出现的存在标识属性的个人信息进行更加明确的界定。

从管辖权来看，GDPR规定复杂覆盖面广，CCPA规定简练聚焦重点。GDPR的管辖较广泛，只要与欧盟、欧盟居民、向欧盟输出产品服务或监控欧盟个人等因素相关，都属于GDPR管辖范围。而CCPA管辖逻辑简明，聚焦于管辖"以营利目的处理个人信息的企业"，为被管辖实体设置了"年收入金额门槛"和"消费者、家庭和设备数量门槛"，注重对于风险影响程度和范围较大的实体进行管辖，执法的针对性就更强。

从数据跨境传输管控来看，GDPR严格限制，设置五道关口：充分性认定白名单；是否提供适当协议、行为准则为跨境传输提供保障；被监管机构批准；通过"必要性测试"和"偶然性判定"等。而CCPA对于跨境传输管控的态度则是不予管控。

目前，我国的数据立法还在进行当中，从已有的相关法律法规来看，我国的数据治理模式是以安全风险防范为主兼顾数字经济发展。根据《网络安全法》，"关键信息基础设施"（CII）的运营者在我国境内收集和产生的个人信息和重要数据必须在境内存储。当前，CII的认定依据主要是国家网信办制定的《关键信息基础设施识别指南（试行）》，该文将CII分成网站类、平台类、生产业务类三种类型，并采用了"特定行业的关键业务＋支撑关键业务的关键设备＋严重危害后果"三步法对CII进行认定,其覆盖范围较大。因此,在现行规定下,我国大部分商业电子商务活动均需按照"关键信息基础设施"进行管理,实行非常严格的本地存储要求。2017年4月,国家网信办出台《个人信息和重要数据出境安全评估办法(征求意见稿)》。根据《评估办法》,数量超过1000GB、关键信息基础设施的相关信息等六类出境数据应报请监管部门组织安全评估,评估通过后方可出境。

五 政策建议与具体举措

数字贸易国际规则是21世纪国际贸易规则的重要核心内容,对双边、区域和多边贸易规则原则等都将产生重大影响。当前,我国面临较大的数字贸易规则压力与挑战,应以维护国家网络安全为底线;以促进电子商务进出口为基础;以推动中国数字产品和服务全球化为目标,深入研判数字贸易和电子商务涉及的技术、商业、政策和法律等问题,平衡好近期和长远、局部和整体、商业和政策、国内与国外之间的关系,最大程度上争取有利的国际规则。具体举措如下。

积极参与数字贸易规则谈判。数字贸易不仅是新一代高水平自贸协定谈判的重要内容,也是WTO改革各方的争论焦点,制定与数字贸易快速发展相适应的数字贸易规范已是大势所趋。虽然以美日欧为代表的发达国家以区域贸易协定形式、联合声明形式就高标准贸易规则达成部分一致,但在WTO多边框架下,尚未形成代表更多发达国家和新兴经济体诉求的数字贸易规则,这为中国参与规则的制定提供了较大空间。数字贸易是我国占较大优势且抗风险能力较强的领域,应当在新一代国际规则重构中作为我国发挥引领作用优先选项,尽可能在WTO框架下形成"早期收获",积极推动多边、一致的数字贸易和数字经济治理。

二是守住底线，积极推动形成高标准数字贸易国际规则。我国需要在保护数据安全与促进数字贸易发展方面寻求平衡，求同存异，在全球新一轮"增量"经贸规则制定中争取主动权。可分层次逐步考量并提出数字贸易相关规则，建议主动提出跨境货物流动以及数字贸易基础设施建设等我国占优领域的具体规则，在大数据、云计算、智能制造等冲突不显著的新兴数字贸易领域与美欧日高标准规则靠拢，在涉及国家安全的数据跨境流动和设备存储本地化（包括数据存储本地化）问题上守住底线，有余地、有选择地主动融入国际高标准。与此同时，以规则开放推动国内相关领域加快改革，提升国际竞争力。

三是考虑借鉴欧盟经验，制定个人信息保护法强化消费者隐私保护。其一，借鉴《一般数据保护条例》经验，对个人信息进行单独立法管理。其二，进一步健全体制机制，设立类似欧盟数据保护委员会（EDPB）的机构，负责欧盟整体数据保护的统筹及监督。其三，实施强有力的事后监管模式，对侵犯隐私的行为实施违规警告、开展调查、限期纠正、命令删除数据、罚款等一系列措施。

四是加快对跨境数据流动实施分级分类管理。建议重要数据的定义遵循三个原则，第一，重要数据应聚焦涉及国家安全和公共利益的信息，不应包括个人信息、企业自身经营和内部管理的信息以及国家秘密信息。第二，以定性定量相结合的方式识别重要数据，避免单纯使用定性或定量方法。第三，界定既要充分借鉴国外已有做法，又要满足国内日益丰富的互联网业态，促进数据的安全有序流动。在重要数据之外的数据，则开展数据跨境传输安全管理试点，探索形成既能便利数据流动又能保障安全的机制。

第二节 发挥优势积极参与引领国际数字贸易规则制定

数字技术的发展正在深刻改变全球贸易模式和治理结构，数字贸易规则也成为大国规则竞争和话语权争夺的重要焦点。我国与美欧日在数字贸易内涵、数据跨境流动、源代码、网络自由接入等议题上存在较大分歧。数字贸易是我国具有相对优势的领域，积极参与并主导相关规则向更高层次、更广领域、更具包容性发展，是我国推动全球经济治理变革的重要着力点。应以维护国家网络安全为底线，深入研判与数字贸易相关的技术、规则和法律问题，解决好争议焦点，最大限度争取于我国有利的国际规则。

一　数字贸易规则发展现状

（一）现行 WTO 框架缺乏对数字贸易的有效规制，WTO 诸边电子商务谈判进展十分缓慢

现行 WTO 规则无法适应数字贸易的快速发展。WTO 现行规则主要形成于 20 世纪 80 年代末的乌拉圭回合谈判。当时电子商务的发展处于萌芽阶段，仅在《服务贸易总协定》（GATS）《与贸易有关的知识产权协定》（TRIPs）中对电信服务、计算机服务略有涉及。随着数字经济快速发展，WTO 现行框架在数字贸易便利化、市场准入、数据流动规制等方面已远不能满足现实需求。

WTO 诸边电子商务谈判迟迟未能取得突破性进展。2017 年 12 月，

71个WTO成员方在布宜诺斯艾利斯发布《关于电子商务的联合声明》，宣布将推动WTO就电子商务相关议题进行谈判。2019年1月，中国、日本、美国、欧盟等76个WTO成员方在达沃斯签署《关于电子商务的联合声明》，确认将启动与贸易有关的电子商务谈判，预期将于2020年6月取得重要成果。2020年12月，WTO发布了关于电子商务谈判的最新进展声明。从声明内容看，谈判尚未触及跨境数据流动等争议议题，各方诉求差异巨大，谈判举步维艰。

（二）"21世纪自贸协定"率先达成数字贸易高标准规则，相当程度上代表未来该议题的发展方向

高水平区域贸易协定重视并不断强化数字贸易规则制定。TPP最早建立较全面、标准较高的电子商务规则，日本主导的CPTPP全面继承了TPP的相关规则，主张减少数字贸易壁垒、保护网络消费者权益、促进数字贸易便利化和网络自由开放。美国主导的美墨加协定（USMCA）在TPP基础上提出了标准更高、内容更宽泛的数字贸易规则。如增加了算法、政府信息、交互信息服务等概念，新增交互计算机服务、开放政府数据等条款，扩大了"非歧视待遇"的范围，删减了数据本地化存储的例外情况。

发达经济体主导的经贸协定很大程度上代表了未来数字贸易规则的发展方向。CPTPP是全球第一个在数字经济发达国家和欠发达国家之间找到平衡点，对跨境数据流动等争议焦点做出有约束力的承诺，并对数据保护主义进行了较大限制的诸边协议。同时，相应条款和美墨加协定（USMCA）等美国主导的FTA以及美日欧在WTO电子商务谈判中的主要立场保持一致，基本上代表了发达经济体在电子商务规则中"共性"的一面，可以认为，相当一部分条款或理念将成为国际通行规则。

（三）主要经济体加紧完善数据立法，相关法律客观上对数字贸易国际规则形成"塑模"效果

主要经济体加紧立法保障自身数字经济发展。美国的数据立法以"维护自由市场＋行业强监管"为特征，在联邦层面未制定数据保护法，但各州、各行业均出台相关法律法规。欧盟以"保护公民隐私＋严厉处罚"为特征。欧盟《通用数据保护条例》（GDPR）被誉为数字经济领域"哥白尼革命"式的立法，特别注重"数据权利保护"与"数据自由流通"之间的平衡。我国以"安全风险防范为主兼顾数字经济发展"为特征，相关立法如《中华人民共和国数据安全法（草案）》《个人信息保护法（草案）》已进入征求意见阶段。

各国国内立法对数字贸易国际规则的发展影响深刻。从目前看，各方数字贸易谈判的立场实则是国内法的延伸。美日对数据治理的态度接近，因此CPTPP电子商务条款保留了TPP的核心内容，数字贸易也成为美日率先达成自贸协定的领域。而美欧在数据治理上存在一定的分歧，欧盟更多基于监管者的立场，美国则偏向企业立场，数字贸易也成为TISA谈判中争议较大的领域。

二　数字贸易规则的三大分歧

一是对数字贸易内涵的理解存在较大差别。美欧日将电子商务、数字贸易统一界定为"数字产品"的跨境流动。所谓数字产品，即可以通过电子方式传输的计算机程序、文本、视频、图像、录音等数字编码产品。可见，在美欧日话语体系里，数字贸易抑或是电子商务专指以电子方式提供和交付的服务，不包括基于网络的货物跨境流动，其内涵远小于我国在《电子商务法》中所规定的电子商务是"通过互联网等信息网络销售商品或者提供服务的经营活动"。

二是对数据跨境自由流动和本地化要求的立场差异明显。虽然美欧对数据流动也进行严格管控，但总的来说，允许数据在一定范围或一定条件下跨境自由传输。比如，欧盟允许数据在"白名单国家"内自由流动；美国以"敏感技术数据出口管制"方式对核心技术数据出口进行管控，对其他数据出境基本不设限制。在我国，根据《网络安全法》，"关键信息基础设施"（CII）的运营者在我国境内收集和产生的个人信息和重要数据必须在境内存储，而CII认定覆盖范围相当广泛。

三是对网络使用持不同立场。美欧日等发达经济体认为，在遵守一定限度网络管理的前提下，消费者可以选择接入或者使用任何网络服务。我国更多从防网络保安全角度，根据《中华人民共和国计算机信息网络国际联网管理暂行规定》第六条，任何单位和个人不得自行建立或者使用其他信道进行国际联网。因此，除中新（重庆）国际互联网数据专用通道等特殊情况，我国对国际互联网的接入和使用要求较为严格。

三 政策建议

（一）将数字贸易规则谈判作为我国参与全球经济治理的重要着力点

虽然以美日欧为代表的发达经济体通过区域贸易协定、联合声明等方式，就高标准数字贸易规则达成部分一致，但在WTO多边框架下，尚未形成代表更多发达国家和新兴经济体诉求的数字贸易规则，这为我国参与规则制定提供了较大空间。相较于国有企业、产业补贴等我国与西方存在重大利益冲突的议题，数字贸易是我国占较大优势且抗风险能力较强的领域，应当在新一代国际规则重构中作为我国发挥引领作用优先选项，尽可能在 WTO 框架下形成"早期收获"，积极推动多边数字贸易和数字经济治理。

（二）有余地、有选择地对标国际高标准，积极推动数字贸易国际规则形成

建议分层次逐步考量并提出数字贸易相关规则。一是主动提出跨境货物流动以及数字贸易基础设施建设等我国占优领域的具体规则。二是在大数据、云计算、智能制造等我国与发达经济体立场冲突不显著的新兴数字贸易领域，积极对标国际高标准规则，比如可对 CII 的认定标准进行适度调整，完善《个人信息和重要数据安全出境评估办法》，有效改善信息出境的管理方式等。三是在涉及国家安全的数据跨境流动和设备存储本地化（包括数据存储本地化）问题上守住底线。

（三）加强数字贸易议题对话，参与构建"数据自由流动生态圈"

建议借鉴美国《澄清域外合法使用数据法案》的做法，考虑我国与其他国家就执法部门电子数据跨境获取签订双边协议。借鉴欧盟充分性认定白名单国家的做法，构建由"数据跨境流动生态圈"，同时保留在判定、审查、修改、撤销白名单方面较大的自由裁量权。通过形成数据流动的双边或多边协作机制，探索形成既能便利数据流动又能保障安全的路径，同时在对话过程中争取更多国家对数字贸易中国方案的支持。

第三节 发挥数字经济效能保障粮食安全

近年来，我国粮食生产和供需形势呈现出较好局面，尤其是在今年新冠肺炎疫情突发、自然灾害频发、国际粮食市场大幅波动的不利背景下，我国粮食和重要农副产品供给仍保持稳定。但是须清醒地看到，我国粮食需求相当长时间仍将保持刚性增长，但粮食供给面临耕地和水资源硬约束、农村青壮年劳动力大量流出、生产配送和消费环节浪费突出等挑战，我国粮食供求长期处于"紧平衡"状态，粮食安全基础仍待进一步夯实。与此同时，以人工智能、区块链、大数据、物联网等信息技术为核心的新一轮科技革命和产业变革深入发展，为我国发展智慧农业、保障粮食安全提供了新的有利条件。宜高度重视农业数字化改造，加快数字农业基础设施建设，补齐农村科技人才短板，进一步完善政策支撑体系，充分发挥数字经济在保障粮食安全方面的潜力和效能。

一 我国需进一步提高保障粮食安全的力度

（一）粮食生产机械化数字化程度不高，科技对粮食增产的积极作用仍有提升空间

一般而言，农业发展会经历传统农业、机械化农业、自动化农业和智慧农业四个阶段。目前，我国农业发展整体仍处于第二阶段向第三阶段过渡的时期，信息化数字化程度偏低。2017年，我国农业综合机械化率为66%。其中，三大主粮小麦、玉米、水稻的综合机械化率

分别为 94%、83%、79%。还应注意到，近年来科技进步对提高我国农业全要素生产率的边际效用正在递减。根据《中国农业产业发展报告 2020》，2005 年至 2019 年，我国农业技术变化对全要素生产率的贡献仅为 10.45%，而 1978 年至 2005 年这一贡献率超过 100%。同时，数字技术等新一轮科技革命成果在农业的运用仍然偏低。2018 年，数字经济占农业增加值的比重仅为 7.3%，远低于工业和服务业。

（二）宜耕后备土地资源日趋匮乏，急需保护耕地提升地力的有效手段

确保永久基本农田数量不减少、质量不下降，是保住"铁饭碗"的前提。当前，我国粮食生产面临耕地资源紧约束。一是我国土地资源极其紧张。我国人均耕地面积仅为世界平均水平的 40%，而质量相对较差的中低产田占比为 2/3。在有限的耕地资源上，粮食品种间争地、粮食作物与经济作物间争地的矛盾激烈。二是我国耕地质量下降严重。我国作为传统农业大国，长期以来对耕地重用轻养，耕作方式较为粗放，导致耕地土地沙化、土壤退化、"三废"污染等问题较为突出。我国用全世界 33% 的化肥生产了全世界 25% 的粮食，化肥施用量为美国的 2.6 倍、世界平均水平的 2.7 倍。耕地质量问题成为制约我国粮食增产的重要因素。

（三）粮食流通和消费各环节损耗浪费严重，加大了维护我国粮食安全的难度

国家粮食局数据显示，我国粮食在储藏、运输和加工等流通和消费环节，每年损失量惊人。虽然近年来我国实施了"粮安工程"等措施降低粮食产后损耗，但由于设备成本过高、功能较为单一，实际推广效果并不理想。惊人的粮食损耗与浪费等同于白白消耗大量良田，进一步推高本已快于粮食生产增速的消费增速，为我国粮食安全问题敲响警钟。

二 数字经济对保障粮食安全发挥重要作用

（一）粮食生产数字化是"藏粮于技"的重要方式，对提升我国粮食综合生产能力的积极作用不亚于育种等传统农业科技

"藏粮于技"是我国保障粮食综合生产能力、夯实农业现代化基础的重要途径，数字技术在粮食生产中的应用已成为"藏粮于技"的重要支撑。从国际经验看，粮食生产环节的数字化主要集中在三个层面。第一个层面是"物与物"的通信，即传感器用于感知空气湿度、温度、土壤肥力、土壤水分、化肥成分的分析、粮食自身生长信息的感知、其他环境因子的检测等。第二个层面是"物与人"的即时交互，即能够方便使用者和决策者全天候及时掌握田间各种数据信息，第一时间解决田间管理的问题。第三个层面是"人与人"的开放式传播，即通过物联网和云服务平台，农户、科研院所、粮食企业可以实现信息和资源的共享。通过数字化粮食生产环节，可以做到田间管理精细化、种植方式绿色化、生产决策科学化，改变过去仅靠拼资源、拼消耗、过度追求产量的农业发展方式，提高我国粮食的综合生产能力。

目前，我国个别先进地区已经在积极探索粮食生产的数字化。譬如，河南省浚县的种粮大户可以通过手机 App 随时获取各个地块的温度、湿度、风量、雨量、土壤及病虫害、灾害预警等信息，通过手机遥控指挥田间地头的摄像头，观察粮食生长的实时画面。摄像头若捕捉到害虫等异常情况将自动拍照并上传系统，由专家在线研判指导，实现农户和专家的双向互动。再如，在三大主粮中，水稻作业环境最为复杂，病虫害发生最为严重。随着无人机喷洒与播撒技术的引入，水稻生产从种植到管理的各个环节，都实现了更低成本更高效率。相关数据显示，在巡田效率方面，无人机为人工效率的 10 倍；在撒肥效率方面，无人机为人工效率的 5—15 倍。根据大疆农业的试验报告，针对同一区域不同地块分别使用人工、无人机、传统农机进行水稻种播撒，其他植保追肥方式保持一致，最终结果显示无人机飞播水稻田的亩产量较人工播撒高出 18%。

虽然个别地区的粮食数字化生产取得较大成就，但从整体来看，我国粮食生产的数字化程度仍然不高，突出表现为数字技术与真实的环境对接存在难度，数字技术应用性和适配性有待提高，无线传感器的数据处理速度较慢、通量不足，信息决策系统的技术模型不够成熟，运作的模式和方法有待创新等。

（二）"互联网+"粮食生产大幅度提升了农民种粮收入，有助于保证农民种粮积极性

一是数字经济有助于依托传统粮食产业发展新业态增加粮食生产经营附加值。首先，大量基于互联网的新兴业态已应用在农业领域，随着共享农业、云农场、电子商务进农村的实施，粮食线上线下营销通道被大大开拓。其次，随着大众参与式评价、数字创意漫游、沉浸式体验等新模式的兴起，与农业有关的服务业正蓬勃发展。目前，国家也高度重视农业数字化工作，已出台多个相关文件。《2020 年农业农村市场信息工作要点》明确提出，探索县域范围内重点农产品数字化振兴路径。《数字农业农村发展规划（2019—2025）》提出，到 2025 年，农产品网络零售额占农产品总交易额比重提升至 15%。

二是随着我国消费结构的升级，居民对于绿色、有机、健康等优质食物的需求不断增加，消费观念由重视"吃得饱"向重视"吃得好"转变。但由于优质粮食市场存在产品售价较高且消费者不易区分产品真伪的特性，长期以来形成了大量不良企业造假掺假，优质企业在价格战中难以生存，消费者更不愿意为优质食品买单的恶性循环，出现

"劣币驱逐良币"的现象,导致我国粮食产业优化升级、粮食知名品牌培育面临较大困境。但在数字经济时代,利用区块链技术"去中心化""数据不可篡改"的特性,将溯源区块链平台引入粮食产业,通过物联网技术跟踪粮食生产、仓储、物流、销售各个环境,大大增加了不良企业造假成本,从而有效重塑优质粮食市场的消费者信任,这对于粮食产业品牌化、高附加值化有着重要意义。

三是粮食生产的数字化智能化可以降低成本、增加产量,从而提高农民收入。在水稻生长过程中,传统的均一用量施肥容易造成长势较好区域氮肥过量,作物贪青晚熟;而长势较差区域补肥不足,出米率低,从而影响最终产量。若使用数字技术按需施肥,则可平衡生长,既可照顾到长势较差区域,又节省了长势较好区域的用肥量,实现了整体用肥量的下降,节约了用肥成本。数字技术还可用于开展病虫草防除。2019年,大中农场稻麦田通过智慧农业系统降低农药使用成本100万元,节省机械油料损耗成本近100万元。

(三)数字技术可用于保护耕地提升地力,缓解粮食生产的土地资源压力

一是集成大数据、人工智能、"互联网+"等数字技术建立的耕地保护监测监管系统可7×24小时开展耕地种粮情况监测,解决传统监督检查手段下违法占用耕地发现难,违规占用耕地恢复难等一系列问题。目前,福建、宁夏、陕西等多个省份已将数字技术引入耕地监测中。比如,陕西推出耕地质量查询系统,该系统通过大数据中心对全省所有县(区)的耕地质量建立电子档案,实现了全省耕地质量的属性查询和实时更新。宁夏构建起"天地网"一体化耕地保护动态监测监管技术体系,每季度通过高分辨率卫星影像数据和解译判读及时发现耕地变化情况。

二是数字技术对耕地进行高效精准管理,减少土壤污染提升土

资源利用效率。土壤水分、土壤肥力是影响耕地质量的关键性因素。目前，耕地质量保护大数据平台已经可以实现化肥农药的测土配方，即实时监测土壤有机物含量、pH 值，并根据设置的粮食产量目标给出药肥的用量建议。在部分小麦主产区，采用植保无人机进行虫害统防统治，相较于传统的农民自防方式，农药的使用量减少了 20%，防治效果提高近 10%，有助于减轻过量使用农药造成的土壤退化问题。

（四）"互联网＋粮食产后环节"有助于提高供应链减损保障能力，为减少粮食浪费提供科技支撑

一是通过建设"智慧粮库""绿色粮库"，提升科学储量减损能力。目前，通过将物联网、云计算、大数据、移动互联网引入粮食仓储管理，已经可以实现粮仓的标准化、机械化、信息化，基本能够解决传统粮仓霉粮坏粮难题。目前，山东省已经建成云计算架构的粮食流通管理一体化综合性电子政务平台，完成了全省 400 多家地方储备粮库的智能化升级，实现了省内互联互通以及省平台与国家平台互联互通。近年来，通过开展"危仓老库改造"和推广使用储粮新技术，山东省粮食储藏损失率下降了 2 个百分点；通过实施农户科学储量工程，每年可减少粮食产后损失 4.9 万吨。

二是"互联网＋"粮食产业产生新的商业模式，有助于提高粮食供应链减损保障能力。首先，数字经济的融入有助于降低粮食运输周期。阿里巴巴"数字粮仓"基于淘宝和天猫平台建立与农户的农作物"基地直供"模式，这样的新商业模式省去了农产品从田间地头到达消费者餐桌的中间环节，缩短了农产品的存储运输时间，有助于降低供应链损耗。其次，由于农产品具有生产周期较长、"靠天吃饭"的特性，农产品的供需往往不可预测，可能会加剧食品浪费问题。而目前一些基于互联网的新兴商业模式有助于实现农产品的供需平衡，减少因供需错配导致的粮食浪费。譬如，盒马超市通过大数据精准定位消费者需求，再根据对需求的预测向盒马定点村下单生产，这种订单农业模式有助于供需两端的无缝对接，促进粮食减损增效。

三　政策建议

目前，我国应用数字经济保障粮食安全已取得一定成效，但整体看，粮食产业的数字化发展仍较为滞后。应加快补短板、强弱项，提升数字技术对粮食安全保障的促进作用。

一是加快"数字粮食"基础设施建设。以数据为关键生产要素，建设耕地基本信息数据库，完善重要农业种质资源数据库，推进农作物数字化动态监测管理，构建起完善的粮食安全基础数据资源体系。深入推进电信普遍服务试点，加快农村地区的宽带网络和4G覆盖，探索采用卫星通信等多种手段实现偏远乡村联网覆盖，加快完成农村电网改造升级。

二是积极推进数字技术在加快粮食生产运输环节经营数字化改造的应用。积极提升粮食生产的信息化水平，利用卫星遥感、航空遥感、地面物联网等手段，动态监测重要农作物的种植信息。推动数字技术在粮食生产中的集成应用，推动智能感知、智能分析、智能控制技术与装备的集成应用，建设环境控制、精准种植等分级决策系统。推进数字化全流程质量安全管控，构建全产业链的粮食信息化标准体系，推进粮食可溯化，完善国家农产品质量安全追溯管理信息平台。

三是进一步完善政策支撑体系。加大数字农业农村发展投入力度，探索政府购买服务、政府与企业合作等方式，吸引社会力量广泛参与，引导金融资本投入数字农业建设。完善对数字农业设备、农业物联网设备的补贴政策，优先安排数字农业重大基础设施建设项目用地。新型农业经营主体是我国粮食产业现代化发展的主力军，要通过激励政策、金融扶持鼓励新型农业经营主体发展数字农业。

附 录

表 1　　　　　　　2000 年制造业各部门垂直专业化结构

部门	出口（十亿美元）	VS/Export (%)	在 VS 中的比例 (%) FVA_FIN	FVA_INT	PDC
5	8.05	7.02	85.12	12.08	2.80
6	50.94	16.39	81.94	9.12	8.94
7	1.69	12.56	29.70	52.34	17.96
8	1.35	14.44	5.66	69.44	24.90
9	1.05	13.07	0.76	77.53	21.72
10	2.60	14.94	13.69	58.73	27.58
11	8.76	18.12	7.81	53.77	38.41
12	1.47	9.85	57.07	33.68	9.24
13	9.03	17.81	38.17	37.75	24.08
14	3.30	12.32	41.09	48.68	10.23
15	8.81	15.71	0.94	56.99	42.07
16	7.21	15.73	31.16	48.26	20.58
17	47.52	29.65	66.39	12.96	20.65
18	17.85	17.98	62.57	22.65	14.78
19	8.79	15.02	67.06	20.99	11.96
20	1.70	14.44	46.38	35.82	17.81
21	3.71	17.12	75.76	14.16	10.08
22	15.37	11.49	90.82	7.22	1.96

数据来源：根据WIOD测算得到。

表2　　　　　　　　　2005年制造业各部门垂直专业化结构

部门	出口（十亿美元）	VS/Export (%)	在VS中的比例 (%)		
			FVA_FIN	*FVA_INT*	*PDC*
5	20.19	10.33	80.53	10.18	9.29
6	130.74	18.48	22.36	55.38	22.27
7	5.65	16.96	10.25	65.25	24.50
8	1.89	19.66	2.07	71.89	26.03
9	1.44	18.08	14.49	54.97	30.54
10	6.33	25.30	10.34	50.56	39.10
11	30.31	25.86	50.43	38.77	10.81
12	5.42	13.59	32.03	40.93	27.04
13	24.47	25.66	26.01	59.83	14.16
14	9.90	18.39	4.20	52.54	43.27
15	29.58	22.50	27.21	50.03	22.76
16	24.85	20.28	66.85	11.16	21.99
17	221.65	38.27	57.89	25.30	16.81
18	54.75	23.93	66.32	20.62	13.07
19	42.02	21.44	35.79	39.82	24.39
20	11.41	21.36	70.98	18.04	10.98
21	12.66	22.50	88.05	8.93	3.02
22	38.17	13.11	90.82	7.22	1.96

数据来源：根据WIOD测算得到。

表 3　　2010 年制造业各部门垂直专业化结构

部门	出口（十亿美元）	VS/Export (%)	在 VS 中的比例 (%) FVA_FIN	FVA_INT	PDC
5	37.47	9.19	81.66	13.79	4.55
6	219.93	13.05	80.34	11.00	8.66
7	10.98	15.04	17.50	58.65	23.85
8	5.06	18.24	18.98	55.21	25.81
9	2.05	15.78	10.06	64.87	25.07
10	16.58	27.28	19.90	49.89	30.21
11	64.07	23.17	8.58	49.18	42.24
12	15.76	11.30	44.50	42.32	13.18
13	39.79	21.81	26.81	44.81	28.38
14	24.92	17.49	20.07	62.49	17.43
15	52.13	23.23	9.88	51.63	38.49
16	51.08	19.30	29.45	46.81	23.73
17	425.14	33.12	59.96	14.21	25.83
18	135.95	22.47	53.79	27.20	19.01
19	136.75	19.97	63.76	20.15	16.09
20	37.00	17.82	38.68	37.73	23.58
21	52.95	20.12	88.64	6.57	4.80
22	48.35	12.12	83.99	10.08	5.92

数据来源：根据WIOD测算得到。

表 4　　　　　　　　2014 年制造业各部门垂直专业化结构

部门	出口（十亿美元）	VS/Export (%)	在 VS 中的比例 (%) FVA_FIN	在 VS 中的比例 (%) FVA_INT	在 VS 中的比例 (%) PDC
5	54.26	7.33	79.16	15.13	5.71
6	298.57	9.94	77.25	12.51	10.24
7	18.53	13.59	13.79	60.69	25.52
8	12.81	15.92	17.53	54.68	27.79
9	3.77	13.29	9.17	65.20	25.63
10	28.28	24.32	19.43	49.95	30.62
11	97.48	19.20	8.15	49.07	42.78
12	20.41	9.17	44.16	42.99	12.86
13	60.29	17.06	25.98	44.17	29.85
14	47.15	14.91	15.73	64.99	19.27
15	87.38	21.54	8.32	52.83	38.85
16	85.00	16.97	29.43	46.36	24.22
17	560.58	27.48	55.42	17.24	27.34
18	221.11	18.96	49.51	29.71	20.77
19	189.11	16.62	58.69	23.00	18.31
20	60.89	14.77	40.53	36.00	23.47
21	53.70	16.78	75.72	14.15	10.13
22	95.37	10.91	76.98	14.27	8.74

数据来源：根据 WIOD 测算得到。

参考文献

陈强. 高级计量经济学及 Stata 应用（第二版）[M]. 北京：高等教育出版社，2014。

陈雯，李强. 全球价值链分工下我国出口规模的透视分析——基于增加值贸易核算方法 [J]. 财贸经济，2014，35（7）：107-115。

程大中. 中国参与全球价值链分工的程度及演变趋势——基于跨国投入—产出分析 [J]. 经济研究，2015（9）：4-16。

樊茂清，黄薇. 基于国家间投入产出模型的全球价值链分解方法：拓展与应用 [J]. 南开经济研究，2016（3）：75-89。

国家制造强国建设战略咨询委员会. 中国制造 2025 蓝皮书（2017）[M]. 北京：电子工业出版社，2017。

黄永明，何伟，聂鸣. 全球价值链视角下中国纺织服装企业的升级路径选择 [J]. 中国工业经济，2006（5）：56-63。

加里杰里芬. 全球价值链和国际发展：理论框架、研究发现和政策分析 [M]. 王新奎，译. 上海：上海人民出版社，2018。

鞠建东，余心玎. 全球价值链研究及国际贸易格局分析 [J]. 经济学报，2014（2）：126-149。

李磊，刘斌，王小霞. 外资溢出效应与中国全球价值链参与 [J]. 世界经济研究，2017（4）：43-58。

吕文栋，逯春明，张辉．全球价值链下构建中国中药产业竞争优势——基于中国青蒿素产业的实证研究[J]．管理世界，2005（4）：75-84。

谭人友，葛顺奇，刘晨．全球价值链重构与国际竞争格局——基于40个经济体35个行业面板数据的检验[J]．世界经济研究，2016（5）：87-98。

陶锋，李诗田．全球价值链代工过程中的产品开发知识溢出和学习效应——基于东莞电子信息制造业的实证研究[J]．管理世界，2008，172（1）：115-122。

王岚，李宏艳．中国制造业融入全球价值链路径研究——嵌入位置和增值能力的视角[J]．中国工业经济，2015（2）：76-88。

王岚．融入全球价值链对中国制造业国际分工地位的影响[J]．统计研究，2014，31（5）：17-23。

王直，魏尚进，祝坤福．总贸易核算法：官方贸易统计与全球价值链的度量[J]．中国社会科学，2015（9）：108-127。

文东伟．增加值贸易与中国比较优势的动态演变[J]．数量经济技术经济研究，2017（1）：58-75。

Adao, R., Costinot, A., Donaldson, D.,"Nonparametric Counterfactual Predictions in Neoclassical Models of International Trade", American Economic Review, 2015(3):633-689.

Amador, J., Cabral, S.,"International fragmentation of production in the Portuguese economy: What do different measures tell us", Mpra Paper, 2008, 3(4):257-261.

Antras, P., Helpman, E.,"Global Sourcing", Harvard Institute of Economic Research Working Papers, 2004, 112(3):552-580.

Astyne, M. W. V., Parker, G. G., Choudary, S. P.,"Pipelines, platforms, and the new rules of strategy", Harvard Business Review, 2016, 94, 54-62.

ATKearney,"The Global Retail E-Commerce Index 2015", 2015, https://www.atkearney.com/consumer-products-retail/e-commerce-index/full-report/-/asset_publisher/87xbENNHPZ3D/content/global-retail-e-commerce-keeps-on-clicking/10192.

Bain & Company,"China's E-Commerce: The New Branding Game", 2015, http://www.bain.com/publications/articles/chinas-e-commerce-the-new-branding-game.aspx.

Bair, J.,"Regional trade and production blocs in a global industry: towards a comparative framework for research", Environment & Planning A, 2006, 38(12):2233-2252.

Balassa, B.,"Trade Liberalisation and 'Revealed' Comparative Advantage", Manchester School, 1965, 33(2):99–123.

Baldwin, R.,"Globalisation: The Great Unbundling", Economic Council of Finland, 2006, 20(3): 5-47.

Bamber, P., Karina F.,"Global Value Chains Economic Upgrading and Gender:The Horticulture Industry", In C.Staritz & J.G.Reis (eds.) *Global Value Chains, Economic Upgrading and Gender: Case Stuides of the Horticulture, Tourism, and Call Center Industries*, Washington, D.C.:World Bank, 2013.

Bamber, P., Guinn, A., Gereffi, G.,"Costa Rica in the Aerospace Global Value Chain: Opportunities for Upgrading", Gas Trading Manual, 2014, 4(4):123-145.

Barrientos, S., Gereffi, G., Rossi, A.,"Economic and social upgrading in global production networks: A new paradigm for a changing world", International Labour Review, 2011, 150(3-4):319-340.

Berman, B.,"3-D printing:The new industrial revolution", Business Horizons, 2012, 55(2):155-162.

Brewer, B. D.,"Global Commodity Chains & World Income Inequalities:

The Missing Link of Inequality and the Upgrading Paradox", Journal of World-Systems Research, 2011, 17(2): 308-327.

Butollo F.,"Digitalisation and the future of globalized production. Exploring the issues", SASE Conference Lyon, 2017, 252-255.

Chen, X., Cheng, L. K., Fung, K. C., et al.,"The estimation of domestic value-added and employment induced by exports: an application to Chinese exports to the United State", American economic association meeting, Philadelphia and working paper, Stanford University, 2004.

Clancy, M.,"Commodity Chains, Services and Development: Theory and Preliminary Evidence from the Tourism Industry", Review of International Political Economy, 1998, 5(1):122-148.

Coe, N. M., Hess, M., Yeung, H. W., et al.,"'Globalizing' regional development: a global production networks perspective", Transactions of the Institute of British Geographers, 2010, 29(4):468-484.

Coe, N. M., Jordhus-Lier, D. C.,"Constrained Agency? Re-evaluating the Geographies of Labour", Progress in Human Geography, 2011, 34(2):211-233.

D. Miroudot, S., De Backer, K.,"Mapping global value chains", OECD Trade Policy Papers, 2013, 159: 24-35.

Dedrick, J., Kraemer, K. L., Linden, G.,"Who profits from innovation in global value chains: a study of the iPod and notebook PCs", Industrial & Corporate Change, 2008, 19(1):81-116.

Ecommerce Foundation,"Global B2C E-Commerce Report 2016", 2016, https://www.ecommercewiki.org/wikis/www.ecommercewiki.org/images/5/56/Global_B2C_Ecommerce_Report_2016.pdf.

European Commission,"A roadmap for completing the single market for parcel delivery build trust in delivery services and encourage online sales", 2013, http://eur-lex.europa.eu/legal-content/EN/TXT/?uri=

CELEX%3A52013DC0886.

Feenstra, R. C.,"Integration of Trade and Disintegration of Production in the Global Economy", Journal of Economic Perspectives, 1998, 12(4):31-50.

Fold, N.,"Lead Firms and Competition in 'Bi-polar' Commodity Chains: Grinders and Branders in the Global Cocoa-chocolate Industry", Journal of Agrarian Change, 2010, 2(2):228-247.

Frederick, M., Gary, G.,"Regulation and Economic Globalization: Prospects and Limits of Private Governance", Business & Politics, 2010, 12(3):1-25.

Frederick, S.,"Participation and Upgrading in the Apparel and Electronics Global Value Chains (GVCs): A Multi-Layered Approach: China Country Case", Joint Porject between GVCC and KIET, 2017.

Frederick, S.,"Participation and Upgrading in the Apparel and Electronics Global Value Chains (GVCs): A Multi-Layered Approach: China Country Case", Manuscript of A Project Supported by the UNIDO and UIBE of China Entitled A Study on Global Value Chains and International Cooperation on Industrial Capacity with a Focus on China, South-East and South Asian Countries, 2016.

Frederick, S., Gereffi, G.,"Upgrading and restructuring in the global apparel value chain: why China and Asia are outperforming Mexico and Central America", International Journal of Technological Learning, Innovation and Development, 2011, 4(1):67-95.

Frederick, S., Staritz, C.,"Developments in the Global Apparel Industry after the MFA Phaseout", Sewing Success, 2012.

Garrett, B.,"3D Printing: New Economic Paradigms and Strategic Shifts", Global Policy, 2014, 5(1):70–75.

Gartner,"Gartner says worldwide shipments of 3D printers to reach more than 490,000 in 2016", 2016, www.gartner.com/ newsroom/id/3139118.

Gereffi, G.,"Beyond the Producer-driven/Buyer-driven Dichotomy The Evolution of Global Value Chains in the Internet Era", IDS bulletin, 2001, 32(3): 30-40.

Gereffi, G.,"Development Models and Industrial Upgrading in China and Mexico", European Sociological Review, 2009, 25(1):37-51.

Gereffi, G.,"Export-Oriented Growth and Industrial Upgrading: Lessons from the Mexican Apparel Case 1 A case study of Global Value Chain analysis", 2005, http://www.soc.duke.edu/~ggere/web/torreon_report_worldbank.pdf.

Gereffi, G.,"Global shifts, regional response: can North America meet the full-package challenge", Bobbin, 1997, 39(3): 16-31.

Gereffi, G.,"Global value chains in a post-Washington Consensus world", Review of International Political Economy, 2014, 21(1):9-37.

Gereffi, G.,"International trade and industrial upgrading in the apparel commodity chain", 1999, 48(1):37-70.

Gereffi, G.,"Memedovic O. The global apparel value chain: What prospects for upgrading by developing countries", Vienna: United Nations Industrial Development Organization, 2003.

Gereffi, G.,"The Global Economy: Organization, Governance, and Development", The Handbook of Economic Sociology, 2010:16-24.

Gereffi, G.,"The Global Economy: Organization, Governance, and Development", The Handbook of Economic Sociology, 2005, 2: 160-182.

Gereffi, G.,"The Organization of Buyer-Driven Global Commodity Chains: How U.S. Retailers Shape Overseas Production Networks", Commodity Chains and Global Capitalism. 1994:95-122.

Gereffi, G., Fernandez-stark, K.,"Global Value Analysis:a Primer.

Durham", 2016, http://www.cggc.duke.edu/pdfs/Duke_CGGC_Global_Value_Chain_GVC_Analysis_Primer_2nd_Ed_2016.pdf.

Gereffi, G., Humphrey, J., Sturgeon, T.,"The governance of global value chains", Review of International Political Economy, 2005, 12(1):78-104.

Gereffi, G., Lee, J.,"Economic and Social Upgrading in Global Value Chains and Industrial Clusters: Why Governance Matters", Journal of Economic Ethics, 2016, 133(1):25-38.

Gereffi, G., Spener, D., Bair, J.,"Free Trade & Uneven Development: North American Apparel Industry After Nafta", Temple University Press, 2009.

Gibbon, P., Bair, J., Ponte, S.,"Governing global value chains: an introduction", Economy and Society, 2008, 37(3): 315-338.

Gilley, K. M., Rasheed, A.,"Making more by doing less: An analysis of outsourcing and its effects on firm performance", Journal of Management, 2000, 26(4):763-790.

Gress, D. R., Kalafsky, R. V.,"Geographies of production in 3D: Theoretical and research implications stemming from additive manufacturing", Geoforum, 2015, 60(19):43-52.

Helpman, E., Krugman, P. R.,"Market structure and foreign trade: Increasing returns, imperfect competition, and the international economy", MIT press, 1985.

Hummels, D. L., Rapoport, D., Yi, K. M.,"Vertical Specialization and the Changing Nature of World Trade", Federal Reserve Bank of New York Economic Policy Review, 1998, 4(June):79-99.

Hummels, D., Ishii, J., Yi, K. M.,"The nature and growth of vertical specialization in world trade", Journal of International Economics, 2001, 54(1):75-96.

Hummels, D., Ishii, J., Yi, K. M.,"The nature and growth of vertical specialization in world trade", Journal of International Economics, 2001, 54(1):75-96.

Humphrey, J.,"Assembler-Supplier Relations in the Auto Industry: Globalisation and National Development", Competition & Change, 2000, 4(3):245-271.

Humphrey, J.,"Globalization and supply chain networks: the auto industry in Brazil and India", Global Networks, 2003, 3(2):121-141.

Humphrey, J.,"Upgrading in Global Value Chains", Working Papers, 2004:209-239.

Humphrey, J., Schmitz, H.,"Governance in Global Value Chains", Ids Bulletin, 2001, 32(3):19-29.

Humphrey, J., Schmitz, H.,"How does insertion in global value chains affect upgrading in industrial clusters", Regional studies, 2002, 36(9): 1017-1027.

Ivarsson, I., Alvstam, C. G.,"Upgrading in global value-chains: a case study of technology-learning among IKEA-suppliers in China and Southeast Asia", Journal of Economic Geography, 2011, 11(4):731-752.

Jia, G., Wang, J., Zhang, R., et al.,"Red Collar Group in Qingdao—High-End Clothing Customization Service", Manufacturing Servitization in the Asia-Pacific. Springer Singapore, 2016.

Johnson, R. C.,"Five Facts about Value-Added Exports and Implications for Macroeconomics and Trade Research", Journal of Economic Perspectives, 2014, 28(2):119-142.

Johnson, R. C., Noguera, G.,"Accounting for intermediates: Production sharing and trade in value added", Journal of International Economics, 2012, 86(2):224-236.

Johnson, R. C., Noguera, G.,"Accounting for intermediates: Production sharing and trade in value added", Journal of International Economics, 2012, 86(2):224-236.

Jones, R. W., Kierzkowski, H.,"The role of services in production and international trade: A theoretical framework", World Scientific Book Chapters, 2018: 233-253.

Kaldor, N.,"Strategic Factors in Economic Product Details", N. Y. State School of Industrial & Labor Relations, 1967.

Kaplinsky, R.,"Globalisation and Unequalisation: What Can Be Learned from Value Chain Analysis", Journal of Development Studies, 2000, 37(2):117-146.

Kaplinsky, R.,"Globalization, poverty and inequality", London: Polity, 2005.

Kawa, A.,"Supply Chains of Cross-Border e-Commerce", Asian Conference on Intelligent Information and Database Systems, 2017:173-183.

Kee, H. L., Tang, H.,"Domestic Value Added in Exports: Theory and Firm Evidence from China", Social Science Electronic Publishing, 2015, 106(6): 1402-1436.

Khajavi, S. H., Partanen, J.,"Additive manufacturing in the spare parts supply chain", Elsevier Science Publishers B. V., 2014.

Kietzmann, J., Pitt, L.,"Berthon P. Disruptions, decisions, and destinations: enter the age of 3-D printing and additive manufacturing", IEEE Engineering Management Review, 2017, 45(1):98-104.

Koopman, R., Wang, Z., Wei, S. J.,"How Much of Chinese Exports is Really Made In China? Assessing Domestic Value-Added When Processing Trade is Pervasive", Nber Working Papers, 2008.

Koopman, R., Wang, Z., Wei, S. J.,"Tracing Value-Added and Double Counting in Gross Exports", Social Science Electronic Publishing, 2012,

104(2):459-494.

Koopman, R., Wang, Z., Wei, S. J.,"Tracing value-added and double counting in gross exports", American Economic Review, 2014, 104(2): 459-94.

Krugman, P.,"Scale economies, product differentiation, and the pattern of trade", The American Economic Review, 1980, 70(5): 950-959.

Kummritz, V., Taglioni, D., & Winkler, D.,"Economic upgrading through global value chain participation : which policies increase the value added gains", World Bank Group Policy Research Working Paper, 2017.

Kuznets, S.,"Modern Economic Growth: Findings and Reflections", American Economic Review, 1971, 63(3):247-258.

Laplume, A. O., Petersen, B., Pearce, J. M.,"Global value chains from a 3D printing perspective", Journal of International Business Studies, 2016, 47(5):595-609.

Lemoine, F., Unal-Kesenci, D.,"China in the International Segmentation of Production Processes", Working Papers, 2002, 274(12):929-931.

Lenzen, M., Kanemoto, K., Moran, D., et al.,"Mapping the Structure of the World Economy", Environmental Science & Technology, 2012, 46(15):8374.

Li, F. Y., Frederick, S., Gereffi, G.,"The Role of E-Commerce and Industrial Policies: Upgrading Chinese Firms in the Apparel Value Chain", The journal of Contemporary Asia, 2018.

Linden, G., Kraemer, K. L., Dedrick, J.,"Who Captures Value in a Global Innovation Network? The Case of Apple's iPod", Communications of the Acm, 2007, 52(3):140-144.

Lipson, H., Kurman, M.,"Fabricated: The New World of 3D Printing", Wiley Publishing, 2013.

Lo, J. L. W., Rabenasolo, B., Jolly-Desodt, A. M.,"Leveraging speed as a competitive advantage: a case study of an international fashion chain and its competitors", Fashion Net International Conference, September, 2004: 28-29.

Low, P.,"Global value chains in a changing world", Geneva: WTO,2013, 61-81.

Mudambi, R.,"Location, control and innovation in knowledge-intensive industries", Journal of Economic Geography, 2008, 8(5):699-725.

Mudambi, R., Puck, J.,"A Global Value Chain Analysis of the 'Regional Strategy' Perspective", Journal of Management Studies, 2016, 1999(6):53-54.

Musson, S.,"Global Shift: Reshaping the Global Economic Map in the 21st Century", Journal of Economic Geography, 2004, 4(2):220-222.

Nieto-Jacobo, F., Pasch, D., Basse, C. W.,"Beyond firm-centrism: re-integrating labour and capitalism into global commodity chain analysis", Journal of Economic Geography, 2012, 12(1):205-226.

Parker, G., Van Alstyne, M.,"Innovation, openness, and platform control", Management Science, 2017.

Pickles, J., Smith, A., Buček, M., et al.,"Upgrading, Changing Competitive Pressures and Diverse Practices in the East and Central European Apparel Industry", Environment & Planning A, 2008, 38(12):2305-2324.

Pietrobelli, C., Rabellotti, R.,"Global Value Chains Meet Innovation Systems: Are There Learning Opportunities for Developing Countries", World Development, 2011, 39(7):1261-1269.

Pipkin, S.,"Local Means in Value Chain Ends: Dynamics of Product and Social Upgrading in Apparel Manufacturing in Guatemala and Colombia", World Development, 2011, 39(12):2119-2131.

Plank, L., Rossi, A., Staritz, C.,"Workers and Social Upgrading in 'Fast Fashion': The Case of the Apparel Industry in Morocco and Romania", Working Papers, 2012.

Ponte, S., Sturgeon, T.,"Explaining governance in global value chains: A modular theory-building effort", Review of International Political Economy, 2014, 21(1):195-223.

Puzzello, L.,"A proportionality assumption and measurement biases in the factor content of trade", Journal of International Economics, 2012, 87(1):105-111.

Schrank, A.,"Ready-to-Wear Development? Foreign Investment, Technology Transfer, and Learning by Watching in the Apparel Trade", Social Forces, 2004, 83(1):123-156.

Sirkin, H. L., Zinser, M., Hohner, D.,"Made in America, again: Why manufacturing will return to the US", Chicago: Boston Consulting Group, 2011.

Slavko, D.,"Electronic Commerce", Economics, 2016, 4.

Smith, A.,"An Inquiry into the Nature and Causes of the Wealth of Nations (1776)", B&R Samizdat Express, 2011.

Smith, A.,"Power Relations, Industrial Clusters, and Regional Transformations: Pan-European Integration and Outward Processing in the Slovak Clothing Industry", Economic Geography, 2003, 79(1):17-40.

Solomon, T.,"The Future of E-Commerce:are You in or Are You Out?", 2017, https://www.forbes.com/sites/theyec/2017/07/17/the-future-of-e-commerce-are-you-in-or-are-you-out/#603e1bb637d8.

Solow, R. M.,"A Contribution to the Theory of Economic Growth", Quarterly Journal of Economics, 1956, 70(1):65-94.

Starosta, G.,"Global Commodity Chains and the Marxian Law of Value", Antipode, 2010, 42(2):433-465.

Stehrer, R.,"An Anatomy of the Global Trade Slowdown based on the WIOD 2016 Release", Ggdc Research Memorandum, 2016.

Stehrer, R., Stöllinger, R.,"Positioning Austria in the Global Economy: Value Added Trade, International Production Sharing and Global Linkages",

FIW Research Reports, 2013, 69(9):1236-8.

Steinfeld, E. S., Beltoft, T.,"Innovation lessons from China", Mit Sloan Management Review, 2014, 55(4):49-55.

Sturgeon, T. J.,"Global Value Chains and Economic Globalization", Massachusetts Institute of Technology, 2013.

Sturgeon, T., Gereffi, G., Guinn, A., et al.,"Brazilian Manufacturing in International Perspective: A Global Value Chain Analysis of Brazil's Aerospace, Medical Devices, and Electronics Industries", Revista De Derecho Migratorio Y Extranjería, 2013: 253-264.

Swenson, D. L.,"Overseas assembly production choices", Contemporary Economic Policy, 2005, 23(3): 394-403.

Taglioni, D., Winkler, D.,"Making Global Value Chains Work for Development", World Bank Other Operational Studies, 2014(143):1-10.

Tempest, R.,"Barbie and the World Economy", Los Angl Times, 1996.

Tewari, M.,"Adjustment in India's textile and apparel industry: reworking historical legacies in a post-MFA world", Environment & Planning A, 2008, 38(12):2325-2344.

Tilmann, K.,"Data flows, digital assets and digital inputs to the global value chain – why telecome matters", Conference on the Use of Data in the Digital Economy, WTO, 2017.

Tirole, J.,"The theory of industrial organization", MIT Press, 1988.

Tisdale, S., Shoe And Tell, New Republic, 1994, 17(6):4-5.

Tokatli, N.,"'Made in Italy? Who cares!' Prada's new economic geography", Geoforum, 2014, 54(54):1-9.

Tokatli, N.,"Asymmetrical power relations and upgrading among suppliers of global clothing brands: Hugo Boss in Turkey", Social Science Electronic Publishing, 2007, 7(1):67-92.

Tokatli, N.,"Global sourcing: insights from the global clothing industry—the case of Zara, a fast fashion retailer", Journal of Economic Geography, 2008, 8(1):21-38.

Tokatli, N.,"Networks, firms and upgrading within the blue-jeans industry: evidence from Turkey", Global Networks, 2007:51–68.

Tokatli, N.,"Toward a better understanding of the apparel industry: a critique of the upgrading literature", Journal of Economic Geography, 2013, 13(6):993-1011.

Tokatli, N., Kizilgün, O.,"From manufacturing garments for ready-to-wear to designing collections for fast fashion: evidence from Turkey", Environment & Planning A, 2009, 41(1):146-162.

Tokatli, N., Wrigley, N., Kizilgün, O.,"Shifting global supply networks and fast fashion: made in Turkey for Marks & Spencer", Global Networks, 2008, 8(3):261-280.

Tomaselli, F. C., Serio, L. C. D.,"Supply Networks and Value Creation in High Innovation and Strong Network Externalities Industry", Journal of Technology Management & Innovation, 2013, 8(4):177-185.

Unctad, R.,"United Nations conference on trade and development", Review of Maritime Transport, 2014.

Wang, Z., Wei, S. J., Zhu, K.,"Quantifying International Production Sharing At The Bilateral And Sector Levels", Social Science Electronic Publishing, 2013.

Wei, S. J.,"Give Credit Where Credit is Due: Tracing Value Added in Global Production Chains", Nber Working Papers, 2011.

Weil, K. E., Diniz, E.,"Competitive advantage, creating and sustaining superior performance", RAE-Revista de Administração de Empresas, 1985, 25(1):94.

Xing, Y., Detert, N. C.,"How the iPhone Widens the United States Trade

Deficit with the People's Republic of China", Adbi Working Papers, 2015.

Yeats, A. J.,"Just how big is global production sharing", Policy researching working paper, 1998.

Zaske, S.,"Germany's vision for Industrie 4.0: The Revolution will be digitized", ZDNet, 2015, 23.

Zhou, M.,"Follow the Online CelebritiesIt's the Name of the Game", 2016, http://www.chinadaily.com.cn/hkedition/2016-08/16/content_26486142.htm.

Zhu, S., Pickles, J.,"Bring In, Go Up, Go West, Go Out: Upgrading, Regionalisation and Delocalisation in China's Apparel Production Networks", Journal of Contemporary Asia, 2014, 44(1):36-63.